애도를 위한
미술치료

박성혜 · 곽진영 공저

학지사

우리가 살아가면서 자신에게 의미 있는 누군가를 상실한다는 것은 너무도 큰 슬픔이다. 그 슬픔으로 인해 누군가는 앞으로 나아가지 못할 수도 있고, 때로는 그 과거에 머물러서 자신의 감정을 들여다보지 못하고 어두운 곳에서 홀로 고군분투하며 살아갈 수도 있다.

이러한 상황에 놓인 누군가가 앞으로 나아갈 수 있도록 도와줄 수 있는 그 무언가가 있다면 우리의 어려움이 그 슬픔에 머물지 않고 새로운 성장으로 이끌어질 수 있다. 이번에 출판하게 된 『애도를 위한 미술치료』에서는 상실을 경험한 사람들을 대상으로 그들이 상실 대상과의 이별을 수용하고 건강한 애도 과정을 경험하기 위한 미술치료적 접근의 효과성 및 중요성을 강조하고 있다.

이 책은 미술치료 임상 현장에서 만나는 내담자의 상실과 관련된 다양한 심리 및 행동문제를 보다 깊이 있게 이해하고 중재하기 위한 임상 전문서이다. 저자들은 다년간의 미술치료 임상 경험과 슈퍼비전 경험을 토대로 애도를 위한 미술치료 개입에 있어서 필수적으로 이해하고 있어야 하는 실제적인 내용들을 다루었다.

먼저 1장에서는 애도의 정의 및 애도에 대한 심리학적 접근으로, 애도 상담, 애도를 위한 미술치료 및 이와 관련된 국내외 연구동향을 다루었다. 2장에서는 애도를 위한 미술치료의 실제로, 임상 현장에서 적용 가능한 초기, 중기 및 후기 단계의 활동을 소개하였고 3장에서는 애도를 위한 미술치료의 사례를 소개함으로써 실제 임상 현장에서 애도가 필요한 내담자를 위해 미술치료가 어떻게 적용되었는지를 다루었다. 마지막 장은 애도를 위한 미술치료의 부록으로, 애도를 위한 미술치료에서 참고할 만한 셀프 활동지, 다양한 미디어 및 웹사이트 자료, 애도 장애 진단기준 및 척도와 체크리스트 등을 소개하였다.

부족하지만 미술치료 임상 현장에서 슈퍼바이저로 활동하는 교수님과 함께 이 책을 구성하고 열정을 담아 집필하였다. 아무쪼록 이 책이 미술치료를 진행하는 미술치료사들뿐만 아니라 수련 중인 수련생들, 학교 현장에 계신 교사 그리고 상실을 직접 경험한 개인들에게도 유익한 정보를 제공할 수 있기를 바란다. 이 책에 제공된 사례들은 내담자의 동의를 얻어 실렸기에 무엇보다도 사례를 제공해 주신 분들에게 진심으로 감사의 마음을 전한다. 끝으로 이 책이 나올 수 있도록 많은 도움을 주시고 여러모로 애써 주신 학지사 김진환 사장님과 편집부 선생님들께 깊은 감사의 말씀을 드린다.

2025. 4.
저자 일동

Ⅱ. 애도를 위한 미술치료의 실제(단계별 활동) • 67

Ⅲ. 애도를 위한 미술치료의 사례연구 • 171

부록 • 205

I 애도를 위한
미술치료의 이해

인간은 누구나 죽음을 맞이한다. 이 죽음을 당사자뿐만 아니라 당사자의 가족, 주변 사람들이 어떻게 받아들여야 하는지가 매우 중요하다. 죽음은 개인의 존재와 주변 사람들을 무력화시키기도 한다. 가족 중 누군가를 병이나 사고 등으로 잃게 된다면 그 상실감으로 남은 가족들은 일상생활을 하는 데 어려움을 겪을 수도 있다. 그렇기 때문에 남은 가족들은 죽음을 맞이한 당사자와의 이별과정이 필요할 수 있다.

2022년에 상영된 영화 〈인생은 아름다워〉는 무뚝뚝한 남편 '진봉'과 무심한 아들과 딸을 위해 헌신하며 살아온 '세연'의 이야기를 그려 냈다. 암에 걸린 세연이 자신의 마지막 생일 선물로 문득 떠오른 자신의 첫사랑을 찾아 달라는 황당한 요구를 하며 남편과 여행길을 나선다. 그 과정 속에서 소중한 사람과의 사랑을 기억하며, 자신의 장례식에 만나고 싶은 사람들을 초대하고 즐거운 마무리를 한다.

물론 영화에서처럼, 우리는 죽음을 유쾌하게 맞이하기란 쉽지 않다. 그러나 남은 사람들의 슬픔을 함께 나누고 소중한 추억을 떠올리며 애도 과정을 거치는 것은 매우 중요하다. 이 장에서는 애도가 무엇이며, 애도를 바라보는 심리학적 관점에 대한 탐색과 애도를 위한 미술치료에 대해 살펴봄으로써 애도 및 애도 미술치료에 대한 전반적인 이해를 하고자 한다.

1. 애도에 대한 개념

1) 애도의 정의

사람은 누구나 일생에 걸쳐 여러 사건을 경험하게 된다. 그러한 사건 중에 누군가의 '죽음'은 이를 맞이하는 애도자들의 행동에 따라서 그에 대한 감정들이 복합적으로 작용하게 된다. 사랑하는 사람의 죽음을 경험하게 되면 죽음의 의미에 대해 생각하며 고통의 시간을 보내게 된다. 특히 미국에서 발생한 9.11테러나 우리나라의 세월호, 이태원 참사 등과 같은 사건으로 인한 갑작스러운 상실은 더욱 혼란스럽고 힘들 수 있다.

많은 문헌에서는 Loss, Bereavement, Grief, Mourning 등 상실과 애도를 혼용하여 사용하고 있어서 이를 명확하게 구분하는 것이 쉽지는 않지만, 정확한 이해를 돕기 위해 상실, 사별, 애도를 구분하여 정의하고자 한다.

첫째, 상실(Loss)은 국어사전에 의하면, 어떤 사람과 관계가 끊어지거나 헤어짐을 의미하거나 어떤 것이 아주 없어지거나 사라지는 것을 말한다. 국립국어원(2021)에 의하면, 상실은 일반적으로 한 개인이 가지고 있는 가치 있다고 생각하는 것을 박탈당함을 의미하며, 상실감은 '무엇인가를 잃어버린 후의 느낌이나 감정 상태'를 말한다. 특히 관계 상실감은 죽음만을 의미하는 것이 아니라 이별, 이혼, 방임, 심리적 유기 등으로 가치 있는 관계나 의미가 사라짐으로 인해 나타나는 감정으로, 이를 경험한 사람들은 심리적 어려움을 경험할 수 있게 된다. 우리는 살면서 사람이나 사건과 관련하여 다양한 종류의 상실을 경험하는데, 이러한 상실은 언제든 누구에게나 일어난다. 사람마다 그들의 삶에 미치는 영향 역시 가벼운 것부터 매우 심각한 것에 이르기까지 다양하며, 우리의 일상생활에 지대한 영향을 미친다.

둘째, 사별(Bereavement)은 사전적 의미로는 죽어서 이별하는 것이지만 영어의

'bereavement'는 가족의 사망, 사별, 애도 중인 상태를 일컫거나 가치 있는 무엇을 박탈당한'이라는 뜻으로 중요하고 의미 있는 사람의 죽음이나 상실로 인해 발생한 객관적인 상태를 말한다(육성필 외, 2019). 사별은 인간이 살아가면서 일생 동안 겪게 되는 크고 작은 상실 중에서 가장 큰 사건이며 이로 인해 심리적 위기를 경험하게 된다. Cook과 Dworkin(1992)에 의하면, 사별은 단지 죽음으로 인한 단절이라는 사건 자체만을 의미하는 것이 아니라 그에 따른 정서적·인지적·영적·행동적·신체적 반응의 넓은 범위를 포함한다. 특히 배우자 사별로 인한 고통은 오랫동안 지속될 수 있으며, 우울증이나 신체적 질병에 걸릴 위험성이 높아질 수 있고, 더욱 심해지면 외상적 경험으로 크고 작은 하나의 외상으로 나타날 수 있다.

사별은 배우자의 사별, 자녀의 사별, 부모의 사별 등 대상에 따른 사별과 유년기 동안의 사별처럼 시기에 따른 사별, 사고사로 인한 사별, 자살로 인한 사별 등 원인에 따른 사별로 나눠볼 수 있다. 사랑하는 사람을 죽음으로 떠나보내야 하는 이러한 사별은 우리가 경험하는 다양한 상실 중에서 가장 힘들고 고통스러운 것이며 그렇기 때문에 이를 다루는 적절한 애도 과정을 거치지 못하면 여러 가지 심리적·행동적·사회적 문제를 야기할 수 있다.

물론, 사별 경험을 충격적 외상이라고 보는 이론과는 다르게 사별에 따른 애도 반응을 사랑하는 사람을 잃은 것에 대한 정상적이고, 자연스러운 반응으로 보기도 한다(조명숙, 2012). Bonanno 등(2004)에 의하면 사별한 사람들이 상실 대상의 죽음에 대해 한동안 매우 심한 슬픔을 느끼지만, 자연스럽게 애도 과정을 지나서 일상생활에 복귀하며 살게 된다고 하였다. 이렇듯 사별 후 애도는 자연스럽고 적응적인 과정이라고 볼 수 있으며, 현재 느끼는 감정을 충분히 표현함으로써 상실 대상이 없는 환경에 잘 적응하며 새로운 관계를 형성해 나가는 과정이라고 볼 수 있다. Herman(2007)은 사별한 사람들이 거치는 애도 과정 역시 힘든 여정이지만, 정서적·신체적·행동적 어려움의 표현이 유일한 애도 표현의 방법이라고 하였다.

셋째, '애도(Grief)'는 상실 경험에 대한 일반적인 반응으로, 사별로 인해 중요한 누군가를 잃었을 때나 혹은 중요하게 생각하는 어떤 것을 잃었을 때 휩싸이게 되는 아주 강력하고 복합적인 감정을 말한다(육성필 외, 2019). Cole(2008)은 'grief'를 사별로 인한 슬픔을 표현할 때 쓰는 말로, 상실 초기에 겪는 비탄의 다양한 반응을 포함하는 것이며, 누군가 겪고 있는 상실에 대한 여러 가지 복잡하고 고통스러운 정서적·인지적·행동적 반응들이라고 하였다. Worden(2002)도 'grief'를 사랑했던 사람을 죽음으로 잃는 사람의 경험(experience)이라고 하였다. 즉, 이처럼 애도는 누군가를 잃었을 때 휩싸이는 아주 강력하고 복합적인 감정이며 죄책감, 수치심, 외로움, 공포, 당혹, 깊은 슬픔, 절망감, 무력감 등의 애도 정서를 경험하게 된다(Anderson & Mitchell, 1983). 'Grief'는 사별 후의 다양한 반응을 포함하기 때문에 인지·정서·신체·행위적 증상과 다차원적 과정으로 구성되고, 사회·문화적 맥락 속에서 이해될 수 있는 상실에 대한 반응으로 해석할 수 있다. 하지만 사별 후 오랜 시간 동안 깊은 슬픔에 매몰되어 있는 사람을 정상적이지 못한 사람, 즉 환자로 보는 시각이 있을 수 있는데, 현대의 전문가들은 우울증이 사별 애도의 증상과 겹쳐 보이지만 같은 것은 아니라고 보며 사별한 사람들의 우울한 느낌을 정상적인 것으로 본다(Worden, 2009).

대부분의 사람은 사별로 인해 강한 스트레스와 깊은 심리적 고통을 경험하게 되는데, 이는 어느 문화에서도 동일하다고 볼 수 있다(Stroebe & Stroebe, 1987). 이러한 심리적 고통이 심해지면 사별 후 오랜 시간이 지났음에도 불구하고 일상생활 적응에 곤란을 가져올 수도 있고(황선희, 2011), 심리적 외상이 되어 외상 후 스트레스장애(PTSD)로 발전할 수도 있다(Sofka, 2004).

애도는 사별보다 좀 더 포괄적인 의미로써, 한 상태를 의미하기보다는 죽음에 대한 개인의 감정·인지·기능·행동적인 면에서의 반응을 의미한다. 애도는 사별의 결과이기도 하고 사별로 나타나는 심리적 고통의 상태나 정서적 괴로움을 의미하는데, 이러한 애도 반응은 상실에 대한 정상적이고 자연스러운 반응이라고 볼 수 있다. Anderson과 Mitchell(1983)은 애도의 주된 정서들로, 상실한 대상에 대한 그리움과 갈망, 갑자기 떠오르는 침투적 사고와 기억, 강렬한 슬픔, 울음, 두려움, 절망, 에너지와 활동의 감소, 즐거움을 잃거나 비난과 분노, 사회적 철회나 고립, 무의미함이나 목적과 희망의 상실, 죄책감, 수치심, 외로움, 공포, 당혹, 깊은 슬픔, 무력감 등 다양한 부정적인 정서가 나타난다고 하였다.

넷째, 비탄(Mourning)은 사별 이후에 삶을 겪어 나아가는 과정이라고 볼 수 있다(Worden, 2009). 즉, Mourning은 사별 이후에 지속하는 슬픔과 공허감을 안은 채 살아가는 방법을 배우는 과정을 말한다. 이 과정은 상실 후 달라진 삶의 관점을 갖기 위해 의도적으로 노력하는 과정이다(Cole, 2008). 이는 'grief'에 비해 사회 · 문화적으로 정의되어 공식적으로 표현하는 의식(rituals)과 실천(이미라, 2007)이라고 볼 수 있다. 즉, 사회 · 문화적 의미를 담은 의례의 영향을 받아 행동으로 애도가 드러나게 되는 것을 말하는데, 애도와 마찬가지로 상실에 대한 정서적 고통의 반응이지만 애도보다 더 많은 것을 포함한다. 예를 들면, 사별로 인해 갖게 된 느낌이나 애도를 공적인 곳, 즉 장례식장이나 문상과 같은 의례에서 거행하는 애도의 표현적 행동이라고 할 수 있으나 애도와 비탄은 크게 구분 없이 혼용하여 사용된다. 이 책에서는 다양하게 불리는 용어 중에서 '애도'라는 용어를 통일하여 사용하고자 한다.

〈표 1-1〉 학자별 애도에 대한 정의

학자	애도 정의
Freud(1957)	애도는 죽음의 현실을 받아들이면서 상실 대상에 대한 강한 애착으로부터 자유로워지는 것
Worden(1991)	죽은 사람으로부터 분리되어 상실에 새롭게 적응해 가는 과정
Martin & Doka(2000)	사별로 야기된 새로운 현실에 적응하면서 새로운 가상적 세계로 새로운 현실을 통합하려는 개인의 강한 마음의 에너지
Hagman(2001)	상실을 겪었을 때 대처할 수 있는 개인, 문화, 또는 시대에 상관없이 나타나는 적절한 반응
Lewis(2004)	한 개인의 삶의 전반을 압도하지만, 그 과정을 통해 영혼의 성장을 가져다줄 수 있는 고통
황정윤(2014)	사람이 살아가면서 관계를 맺었던 의미 있는 대상을 사별로 인해 상실 경험을 하였을 때 나타나는 슬픔, 우울, 비탄 등의 반응을 외부로 표현하는 상태

〈표 1-1〉과 같이 지금까지의 애도에 대한 정의를 살펴보면, 학자들에 따라 다양하게 개념을 제시하고 있으며, 공통점도 제시하고 있다는 것을 알 수 있다. 즉, 애도는 누군가를 잃었을 때의 심리적·신체적 생활상의 다양한 어려움을 보이는 등의 반응을 말하며, 지극히 자연적이고 정상적인 반응으로의 성장까지 의미한다고 볼 수 있다.

애도하는 사람들이 그 과정을 보다 잘 인식할 수 있도록 돕기 위해서는 애도에 대한 심리학적 접근에 대한 이해가 필요하며, 전문가의 직접적인 도움과 이에 대한 실제적인 연구도 이루어질 필요가 있다.

2) 애도에 대한 심리학적 접근

애도로 인한 인간 행동의 중요성을 이해하기 위해서는 먼저 애도를 바라보는 심리학적 관점에 대해 살펴볼 필요가 있다.

상실로 인한 슬픔은 사람들을 위축되게 하거나 활동을 축소하게 한다. 특히 사랑하는 사람을 상실하는 경험은 신체적·심리적 부분에 큰 영향을 미치기 때문에 애도는 이러한 상실의 경험에서 일상생활로 복귀할 수 있게 하고 마음의 평정을 이룰 수 있도록 도와줄 수 있는 자연스러운 과정이다. 애도이론은 Freud가 제1차 세계대전 때 논문을 발표함으로써 시작되었고 이후 제2차 세계대전을 거치면서 전쟁으로 인한 수많은 희생자의 가족들과 그 나라마다 다양한 애도 방식이 변화하면서 학자마다 애도이론에 대한 다양한 주장이 이어졌다. 이에 학자별 애도이론에 대한 내용을 살펴보면 다음과 같다.

(1) Freud의 정신분석적 애도이론

Freud(1957)는 애도에 대해 사랑하는 대상을 상실한 현실에 직면해야 하는 고통을 느끼는 것이고, 심리적 태도를 극복하는 심리적인 성숙의 과정이라고 하였다. Freud는 『애도와 우울증(Mourning and Melancholia)』의 후반부에서, '정상적인 애도는 대상의 상실을 극복하고, 그것이 지속되는 동안 자아의 모든 에너지를 빨아들인다.'라고 하였다. 그에 따르면 보통의 경우에 사람들은 자신들이 사랑했던 대상이 더 이상 존재하지 않는다는 것을 확인하면 그 대상이 사라진 것을 슬퍼하면서 동시에 대상에 투여했던 리비도(Libido)를 철회하려는 욕구가 발생한다 (Freud, 1957)고 하였다. 따라서 그가 말하는 애도 작업은 사랑했던 상실 대상, '존재하지 않는 대상'에 쏟아부었던 심리적 에너지를 거둬들이고 상실 대상에게 매여 있던 에너지를 되찾아오는 것이다(Bonanno, 2013).

Freud(1957)는 이와 관련하여 애도 과정을 건강한 애도와 병리적 애도로 나누었다. 먼저, 건강한 애도 과정은 상실한 대상에게서 리비도의 상실을 슬픔으로 표현하게 한다면, 자아가 비로소 자유로워지는 것을 말한다. 대상을 상실한 후 기억에서 잘 떠나보내는 애도 과정은 죽은 대상을 망각하는 것이자 곧 그 대상이 이제 존재하지 않는다는 사실을 인정하는 고통스러운 과정이며, 이를 받아들이고 새로운 리비도 대상을 발견함으로써 슬픔 이전과 같은 정상적인 삶으로 돌아가게 됨을 의미한다. 물론, 리비도(Libido)를 자신 혹은 새로운 대상으로 되돌리는 과정을 수행하게 될 때, 이는 상실을 극복하고 일상생활로의 복귀를 강요함으로써 애도하는 자의 상실감을 악화시키거나 죄책감을 더하게 만들 수도 있다. 이 과정에서 리비도(Libido)의 철회가 이루어지지 않게 되면 리비도가 자아로 향하여 죽은 대상과 자아의 일부가 동일시되고 이로 인해 우울증이 생기게 된다. 우울증이 생기거나 정상적인 애도 과정에 실패하면 자아 비난과 비정상적인 자기 파괴적 심리 증상이나 심한 경우에는 자살 행동의 위험성을 갖기도 한다. 이와 같은 병리적 애도 과정은 상실의 경험으로부터 방어하는 자기 경멸, 자기의 평가절하, 자기에 대한 공격을 결합해서 부적절하게 작용하게 만든 인위적인 결과라고 볼 수 있다(최백만 외, 2019).

(2) Bowlby의 애착이론

Bowlby(1980)에 의하면, 상실의 충격과 연관된 사람의 행동을 이해하기 위해서는 애착의 의미와 부모와 자녀 간의 결속 정도를 먼저 이해해야 한다고 하였다. 애착이란 부모와 자녀 간에 형성되는 사랑과 돌봄, 지지의 정도 등 유대 관계를 의미한다(최백만 외, 2019). 아동에게 애착을 통한 안정감은 엄마와 어떠한 상호적인 관계를 맺었는지와, 다양한 상황과 위협으로부터 오는 스트레스에서 보호받을 때 나타나며 이와 관련된 애착 행동은 아동뿐만 아니라 청소년, 성인에게도 나타나듯이 인간은 전 생애에 걸쳐 애착을 발달시켜 나간다. 이러한 과정은 유대의 형성, 애착의 유지, 애착의 중단을 포함한다(Worden, 2009).

전 생애에 걸쳐, 애착에 있어서 문제가 발생할 수 있는 것은 의미 있는 타자의 상실이다. 이에 대해 Bowlby는 애도 및 슬픔 반응을 분리불안, 방어와 동일한 현상으로 보았다(Switzer, 2011). Holmes(2005)에 따르면 사별은 돌이킬 수 없는 이별의 일종이며 이별로 인한 정신적 외상인 심리적 반응은 생물학적으로 프로그램화된다고 하였다. 애착이론에서는 사별을 경험한 사람의 건강한 회복을 위해서 상실 대상과의 감정적인 결속(Emotional bond)을 끊고 그 이전의 상태로 돌아와야 하며, 이를 위해서 자아는 새로운 애착 대상을 찾기 위해 잃어버린 대상과의 에너지를 단절하는 것이 필요하다고 보았다. 따라서 Bowlby(1980)에 의하면 '건전한 애도는 심리적 이완 시간을 가지는 것으로 상실을 경험한 사람들에게는 필수적인 요소'라고 하였다. 사람들은 건강한 애도 과정을 통해 떠난 이들을 그리워하고 간절하나 채워질 수 없는 것들을 갈구하게 되며, 스스로를 비탄의 고통에 내몰고 그리움을 눈물로 표현하며 자연스럽게 고뇌한다(Holmes, 2005). 이러한 과정이 끝나면 다시 세상과 새로운 관계를 맺고 타인들과 친밀하게 지내는 것에 에너지를 사용하게 된다. 하지만 건강하지 못한 애도는 상실한 이를 포기하지 않고, 상실했다는 사실을 부정하게 되는데 애도가 건강하게 이루어지지 못할 경우에는 우울증을 야기하거나 슬픔을 견디는 능력이 발휘되지 못하여 새로운 대상에게 집중할 수도 없고 자신을 무가치하거나 무능력하다고 자기 비난을 초래하기도 한다.

(3) 지속적인 유대이론(Continuing Bonds Theory)

이 이론은 1996년 Klass, Silverman, Nickman에 의해서 소개되었는데(Pomeroy & Garcia, 2019), 이것은 상실 대상과의 관계를 단절하는 것이 아니라 지속적인 관계를 유지하는 것이 개인의 성장과 슬픔을 치유하는 데 도움이 된다는 것이다. 그들은 19세기 유족들의 일기, 다른 문화의 슬픔 의식에 대한 조사, 자식을 잃은 지원단체 부모 인터뷰 등을 통해 유족들이 상실 대상과의 감정적인 결속을 끊는 것이 슬픔을 치유하는 데 도움이 되지 않는 반면, 사랑하는 사람과 연결점을 가지면 치유에 더 도움이 된다는 것을 알게 되었다(최백만 외, 2019). Worden(2009) 또한 하버드 아동사별연구회에서 4개월간 아이들을 관찰하였는데, 그 아이들의 81%가 죽은 부모가 자신을 지켜보고 있다고 느끼면서 결속되어 있었으며, 이 중 66%는 이런 느낌이 부모가 죽은 2년 동안 지속되었다는 것을 발견하였다. 따라서 유족들이 상실 대상과의 관계를 수정해 가며 그 관계를 지속하는 것은 위로와 위안을 주고 과거로부터 미래로의 전환을 가능하도록 만든다. 이러한 지속적인 유대감은 남은 사람들에게 상실 대상의 죽음으로 인한 슬픔을 극복하고 그들이 세상 속에서 잘 살아 나갈 수 있도록 만들 수 있는 방법이다. 따라서 치료사는 남은 사람들이 상실 대상과 지속적인 결합을 할 수 있는 방법을 찾을 수 있도록 상실 대상을 위한 추모 공간을 내담자와 함께 만든다거나 추모 의식 등을 통해 상실 대상과 지속적인 유대를 이어 가면서 개인의 성장과 치유가 이루어질 수 있도록 도와주어야 한다.

2. 애도의 과정

사별을 경험한 사람들은 상실을 경험하게 되고 그에 따른 다양한 반응을 보이게 된다. 이러한 애도 반응은 누구나 경험할 수 있는 보편적인 경험으로서의 측면과 각 사람마다 경험되어지는 주관적이고 특수한 경험으로서의 측면으로 나타날 수 있다. 누구나 애도 과정에서 슬픔이라는 감정을 갖게 되지만, 분노, 절망감, 상실감, 소외감 등 다양한 감정을 사람마다 다르게 경험할 수 있다. 애도 관련 반응과 감정들은 시간이 경과되면 그 과정을 극복하면서 정상적인 애도 과정을 거치게 되는데, 이러한 애도 과정은 현실에서 사별의 상실을 받아들이고 다시 앞으로 나아가며 살아갈 준비를 하는 과정이 되기도 한다. 그러나 슬픔, 화, 분노, 절망 등의 애도 반응이 자신의 일상생활을 방해하고 적응의 어려움이 지속된다면 이것은 비정상적인 애도 과정이 될 수 있으므로 건강한 애도 과정이 되기 위해 그에 대한 조치가 이루어져야 한다. 즉, 애도 과정은 관계를 맺어 왔던 의미 있는 대상을 죽음으로 상실하게 되면서 오는 모든 감정을 외부로 표현하고 환경에 적응해 나가기 위한 작업(황정윤, 2014)이 되어야 한다.

Kast(2015)는 이러한 애도 과정이 상실의 극복과 새로운 세계에 대한 이해와 자기 이해가 심리적으로 꼭 필요한 과정이며 실제로 애도를 경험할 수 있도록 주변 사람들의 도움이 필요하다고 보았다. 따라서 애도 과정은 상실과 변화에 대한 보편적인 변화의 적응 과정이며 상실의 아픔으로부터 해방하는 과정이다(Pollock, 1989). 이러한 과정을 통해 사별한 자신의 상태를 수용하고 적응하며 새로운 현실과 새로운 자신만의 정체성, 그리고 그 이후의 삶을 재정립하게 되는 것이다 (Martin & Doka, 2000).

이러한 애도 과정에 따른 애도 단계는 각 학자마다 다르게 제시하고 있어서 대표적으로 많이 사용되고 있는 학자별 애도 단계를 살펴보고자 한다.

1) Bowlby의 애도 단계

Bowlby(1980)는 애착이론의 대표적인 학자로, 사별 대상과의 관계를 재정립하는 데 초점을 맞추어 애도 과정을 4단계로 구분하였다. 그는 인간은 타인과 애착 관계를 형성하고자 하는 본능적 욕구를 가지고 있어서 애착 관계 대상이 죽게 되면 인간을 분리하게 되는 일련의 행동들이 분명하게 나타난다고 하였다. 이에 애도 반응 단계를 4단계로 제시하였고 구체적으로 각 단계를 살펴보면 다음과 같다.

(1) 첫 번째 단계: 무감각으로 인한 충격 시기(Shock & Numbness)

Bowlby의 첫 번째 애도 단계는 당사자에게 중요한 타인이 실제로 죽었다는 사실을 충격으로 받아들이거나 믿지 못하고 정서적으로 무감각해지는 단계이다. 이때 누군가가 죽었다는 사실에 모든 감각이 무감각해지고 멍한 상태로 지내게 될 수 있는데, 특히 자신에게 의미 있는 타자가 갑자기 사망했거나 상실을 경험했을 경우에 이러한 시기가 더 지속될 수도 있다. 이러한 기간은 사별 후 1주일까지 지속되며, 극단적으로 강렬한 우울이나 분노의 감정적 폭발이 일어난다(육성필 외, 2019).

(2) 두 번째 단계: 그리움으로 인한 갈망과 찾기 시기(Yearning & Searching)

의미 있는 타자에 대한 그리움과 그 사람을 되찾기 위해 헤매는 단계이다. Bowlby에 의하면 이 시기는 분노나 절망감보다는 그리움이 있는 시기로, 상실했던 그 대상자와 관련된 사람들을 찾아 방황하는 단계이다. 예를 들면, 상실 대상과 친분이 있었던 사람들을 찾아 헤매거나 예전에 사귀었던 연인들에게 연락을 할 수도 있다. 이 시기에 상실 대상에 대한 그리운 감정이 지속되면 심리적 우울이 수개월에 걸쳐 전반적으로 나타날 수 있다.

(3) 세 번째 단계: 혼란과 절망으로 인한 무기력 시기(Disorganization & Despair)

상실했다는 것을 완전히 현실 속에서 인식하게 되면서 피로감과 우울증이 나타나는 단계이다. 상실 대상의 죽음이 현실로 느껴지며 동시에 절망과 삶의 의욕을 잃어버리는 상태가 된다. 이전 단계에서처럼 상실 대상과 함께한 추억을 떠올리지만, 그 사람과 함께할 수 없다는 사실에 괴로워하며 만사에 의미를 찾을 수 없다고 느낀다. 또한 우울, 불안, 식욕 저하 등을 경험하거나 무기력해 하는 모습을 보이기도 한다.

(4) 네 번째 단계: 재정립으로 인한 고통 회복의 시기(Reorganization & Recovery)

상실 대상과의 이별로 인해 겪은 심리적 어려움을 극복하고 자신의 현재 일상생활로 돌아오는 단계이다. 이 시기에는 지난 추억들을 회상하며 기쁨과 슬픔을 느끼면서도 그것을 애도의 한 과정으로 자연스럽게 받아들이게 되고 상실로 인한 상처가 치유되면서 변화된 자신의 삶을 재구조화하게 된다. 이는 상실 대상이 없는 삶을 수용하고 삶을 다시 시작한다는 것(윤득형, 2020)을 의미하며 Bowlby는 사별을 통해 한 사람이 중요한 타인에게 지녔던 애착 관계의 붕괴를 극복하기 위해 그 체계를 다르게 정립해야 함을 강조하고 있다. 이지원(2020) 또한 이러한 애도 과정을 사별 후 나타나는 애착 대상과의 분리로 인한 단계적으로 진행되는 과정이라고 하였다.

2) Kübler-Ross의 애도 5단계

Kübler-Ross의 애도 단계는 애도 단계이론 중 가장 많이 알려진 이론으로, 1969년에 저술한 『죽음과 죽어감(On Death and Dying)』에서 Bowlby의 초기 이론에 영감을 받아 그 과정을 5단계로 구분하여 제시하였다. Kübler-Ross는 말기 환자들이 자신의 죽음과 대면할 수 있도록 돕는 과정에서 자신이 봐 왔던 죽음을 앞둔 환자들을 관찰함으로써 슬픔의 단계이론을 전개하였다(Bonanno, 2013). 그녀는 죽음에 대한 대화 방식을 변화시켰는데, 그녀가 2004년 자신의 사망 전에 Kessler와 함께 애도 과정을 경험하는 방식을 살펴봄으로써 'On Grief and Grieving'을 완성했다. Kübler-Ross(2018)가 'On Death and Dying'에서 죽음의 다섯 단계를 제시했듯이 부정, 분노, 타협, 우울, 수용의 애도 과정의 다섯 단계를 사별 이후의 복잡하게 뒤섞여진 애도 감정들이 시간 경과에 따라서 어떻게 각각의 단계로 변화하게 되는지를 보여 준다.

(1) 1단계: 부정(Denial) 단계

이 단계에서는 앞서 여러 학자가 제시한 바와 같이 사별한 사람들은 충격에 휩싸이고 그것을 감당하기 어려워서 무감각해지거나 현재 일어난 일에 대해 의문을 던지기도 한다. 그러나 이러한 부정 단계는 상실을 경험하고 이를 극복함으로써 살아남을 수 있도록 해 주고, 사별 후 나타나는 슬픈 감정이 휘몰아치는 것을 더디게 할 수 있기 때문에 이 또한 치유의 과정이 시작되는 단계라고 할 수 있다.

(2) 2단계: 분노(Anger) 단계

이 단계에서는 자신이 그 누군가의 죽음을 막지 못했다고 자신을 탓하기도 하고 예측하지 못한 상황에 대해 화가 나기도 한다. 또한 자신에게 의미 있는 누군가에게 나쁜 일이 일어났다는 것에 대해 화가 나거나 원인을 제공한 사람에게 분노하는 단계이다. 이러한 분노는 슬픔이나 외로움, 상실감보다 더 강하게 일어나며, 이 분노 감정은 다양한 형태로 바뀌면서 지속적으로 찾아오게 된다.

(3) 3단계: 타협(Bargaining) 단계

이 단계에서는 '만약 그랬더라면' 또는 '그러면 어떻게 될까'라는 생각을 하며 '만약'이라는 단어를 지속적으로 반복하게 된다. 여기에 수반되는 감정은 죄책감인데, 자신의 잘못이 무엇인지를 알게 되고 다르게 행동할 수 있었던 부분은 무엇인지를 생각함으로써 상실의 고통에서 벗어나고자 하는 단계이다. Kübler-Ross의 연구 결과에 의하면, 착실한 행동이나 특별한 헌신을 맹세하면 보상받을 수 있다고 하면서 생명 연장, 통증과 불편 없는 안정감을 요구하게 된다(최백만 외, 2019).

(4) 4단계: 우울(Depression) 단계

이 단계에서는 바로 전 단계인 타협 단계를 지나면서 애도하는 사람의 관심이 현실로 이동하게 되는데, 이 과정 속에서 공허감이나 슬픔, 절망감과 같은 반응이 나타나며, 이 세상에 혼자 남겨진 것 같은 느낌과 더불어 세상을 살 의미가 있는지 의문을 갖게 된다. 또한 이 단계에서는 이러한 감정에 대해 회피할 방법을 강구하기보다는 이 감정들이 남아 있는 상태로 상실감을 바라보게 되면서 우울감이 생기게 되고, 이것이 심해지면 심각한 우울증으로 악화될 수 있다.

(5) 5단계: 수용(Acceptance) 단계

이 단계에서는 자신에게 의미 있는 타자의 죽음을 현실로 받아들이며 자기의 상황에 대해 수용하게 된다. 이 단계는 사랑하는 사람과의 영원한 이별을 인정하고 받아들이는 과정이다. 또한 새로운 현실 속에서 살아가는 법을 배우게 되고 치유와 적응이 이루어지며, 상실 대상이 남기고 간 역할들에 대해 고민하고 배우는 단계이기도 하다. 이를 통해 상실 대상의 존재에 대해 다시 한번 생각하게 되고 또 다른 누군가와 새로운 관계를 시작하면서 본래의 모습으로 회복하게 된다. 이 단계에서는 슬픔의 영역을 보다 잘 이해할 수 있으므로 의미 있는 새로운 관계를 다시 형성하고 잘 대처할 수 있다(Kübler-Ross & Kessler, 2005).

앞의 다섯 단계는 애도 과정에서 겪게 되는 다양한 반응이지만, 모든 사람이 이 과정을 정해진 순서대로 경험하는 것은 아니다.

3) Rando의 애도 과정의 3단계 6R이론

미국의 임상심리학자 Rando(1993)는 애도 과정을 크게 회피, 직면, 적응의 단계로 구분했다(권석만, 2019).

(1) 회피 단계
회피는 죽음의 소식을 처음 접한 시점과 그 직후의 기간을 포함한다. 상실을 경험한 사람은 혼란스럽고 어리둥절하며 당황하게 된다. 이 단계에서는 부정의 방어기제가 동원되어 현실을 부인하고자 한다.

(2) 직면 단계
직면 단계는 사별자가 상실의 현실에 직면하여 그것이 의미하는 바를 점진적으로 흡수하는 고통스러운 기간이다. 직면의 후기 단계에는 후퇴 반응이 나타나서 외로움, 피로감, 죄책감을 경험하며, 대인관계를 회피하거나 은둔하는 행동이 나타날 수 있다.

(3) 적응 단계
적응은 직면 단계의 후기부터 시작되어 그 이후에 지속된다. 상실을 경험한 사람은 상실 대상과의 관계에 투자했던 에너지를 새로운 사람, 대상, 역할, 희망, 신넘, 목표에 투자할 수 있어야 한다. 이 단계에서는 더 이상 상실과 투쟁하지 않고 상실을 삶의 불가피한 사실로 받아들이면서 살아가는 것을 배우는 것이다.

Rando(1993)는 애도의 과정으로 6R(상실을 인정하기, 이별에 반응하기, 상실 대상과의 관계를 회상하고 재경험하기, 상실 대상에 대한 애착과 이전의 믿음을 내려놓기, 상실 대상을 잊지 않고 새로운 세계에 적응하도록 재조정하기, 재투자하기)을 다음과 같이 제시하였다.

• 상실을 인정하기(Recognize the loss)
이 과정은 죽음을 인정하고 이해하는 것을 의미하며, 회피 단계에서 발생한다. 죽음을 사실로 받아들이기 전까지는 애도를 시작할 수 없다. 만약, 내가 이 죽음을 인정하게 된다면 질문을 통해 탐색하는 것이 좋다.

• 이별에 반응하기(React the separation)
이 과정은 고통을 경험하고 느끼며, 상실에 대한 반응을 식별하고 받아들이고 표현하는 것을 포함한다. 이는 직면 단계에서 발생한다. 상실을 경험한 사람은 고통 속에서 겪는 다양한 감정을 있는 그대로 느끼고 탐색하고 표현해야 한다. 이를 위해서는 빈 의자 기법, 인생그래프, 편지 쓰기 등을 통해 이별에 반응하거나 대처할 수 있다.

• 상실 대상과의 관계를 회상하고 재경험하기(Recollect and Re-experience the deceased and the relationship)
이 과정은 상실 대상을 현실적으로 돌아보고 기억하며, 감정을 되살리고 재경험하는 것을 요구하는데 이는 직면 단계에서 발생한다. 모든 관계는 양가적인 측면이 있기 때문에 상실 대상에 대해 지나치게 이상화하지 않고 상실 대상과의 관계에 대해 긍정적인 측면과 부정적인 측면을 모두 이야기할 수 있도록 돕는다. 현실감 없는 내적 표상을 가지고 신성화된 이미지를 다각도로 현실감 있게 이해할 수 있도록 하는 것이 필요하다.

- 상실 대상에 대한 애착과 이전의 믿음을 내려놓기(Relinquish the old attachment to the deceased and the old assumptive world)

이 과정은 직면 단계에서 발생하며, 과거의 연결과 가정된 세계를 내려놓고 새로운 시작을 해야 함을 의미한다. 새로운 시작이란 상실 대상은 죽었고 이전처럼 상실 대상을 통해 어떤 욕구를 충족시킬 수 없다는 인식을 포함한다. 상실을 경험한 사람은 자신이 포기해야 할 애착을 떠올리며 극심한 고통을 호소할 수 있는데, 치료사는 떠나보내는 것에 대한 고통과 회피하고 싶은 마음이 당연한 것임을 인정해 주는 것이 필요하다.

- 상실 대상을 잊지 않고 새로운 세계에 적응하도록 재조정하기(Readjust to move adaptively into the new world without forgetting)

이 과정은 상실 대상과의 새로운 관계를 발전시키고, 세상에서의 새로운 방식을 채택하며, 새로운 정체성을 확립하는 것을 의미하는데, 이는 적응 단계에서 발생한다. 상실을 경험한 사람은 상황의 변화에도 불구하고 여전히 남아 있는 기본적인 가정들을 확인하는 작업을 진행할 경우에 안도감을 느낄 수 있다. 이를 통해 상실을 경험한 사람이 상실 대상과 의미 있는 관계를 유지하는 데 도움이 되는 것을 찾을 수 있게 된다.

- 재투자하기(Reinvest)

이 과정은 새로운 사람들, 목표 등에 감정적 에너지를 투입하는 것을 의미하며 적응 단계에서 발생한다. 이때 상실을 경험한 사람이 상실 대상과의 관계에서 사용했던 정서적인 에너지를 긍정적이고 만족스러운 방식으로 자신의 인생에 재투자하여 자신의 삶으로 돌아갈 수 있도록 도와주는 것이 필요하다.

4) Schneider의 애도 8단계 모델

Schneider는 슬픔에 빠진 과정에서 성장 가능성을 높이기 위해 상실과 애도 사이의 관계를 이해하는 것을 포함한 상실 인정과 상실 그 자체를 이해하는 것과 같은 일련의 단계 모델을 제안하였다(Fears & Schneider, 1981).

(1) 상실의 초기 자각

이 단계에서는 상실에 대한 다양한 반응에 대해 자각을 하는 것이다. 상실을 경험하게 되면 초기에 충격, 혼돈, 마비, 이탈, 불신과 같은 신체적 · 인지적 · 정서적 · 행동적 반응을 보이게 된다.

(2) 버텨 주기(holding on)

이 단계에서는 이전에 상실이나 좌절, 스트레스, 갈등에 대처하기 위해 시도했던 것이 무엇이었는지를 자각하고 그것을 시도해 보는 것이다. 즉, 상실의 긍정적인 면에 에너지를 집중함으로써 무력감이나 절망감을 느끼지 않기 위해 노력하는 단계이다. 이 시기에는 수면장애가 일어날 수도 있고, 죄의식을 가질 수도 있으며, 상실 대상의 대체물을 찾을 수도 있다.

(3) 놓아주기(letting go)

이 단계에서는 상실에 대한 한계를 인식하고 비현실적인 목표, 부당한 가정, 불필요한 환상을 버리는 것이다(육성필 외, 2019). 이 시기에는 우울감이나 불안감을 느낄 수 있으며, 자기 파괴적 신념이나 냉소적인 태도 등이 나타날 수 있다.

(4) 상실의 범위에 대한 자각

이 단계에서는 현재 자신이 처한 상실 상황에 대처하면서 도저히 방어할 수 없다고 느끼기 때문에 가장 고통스럽고 무기력감과 절망감을 느끼는 것이다. 무기력감과 절망감 외에도 자신이 감당할 수 없다는 생각에 침묵, 슬픔, 외로움 등을 느끼게 된다.

(5) 상실에 대한 시각 획득

이 단계에서는 상실 이후에 자신의 삶에서 어떤 것이 사라졌는지, 상실로 인한 부정적인 측면뿐만 아니라 긍정적인 측면도 살펴보고 이들의 균형을 찾으려고 노력하는 것이다. 또한 상실에 대한 책임이 자신에게 있는 것이 아닌 그 한계와 범

위에 대한 시각을 습득하는 단계이기도 하다. 이때 남은 사람들은 상실로 인한 고통을 인내하고, 수용하며 개방적이 되려고 하거나 치유를 경험함으로써 평화로운 감정을 느끼게 된다.

(6) 상실의 해결

이 단계에서는 상실과 무관한 행동을 하면서 슬픔을 해소하는 것이다. 앞서 상실 대상과 동일시하거나 떠나보내지 못하고 붙들고 버텨 주고 의식적으로 놓아 주는 것을 더 이상 하지 않고 자기 용서나 회복, 헌신, 책임감 수용, 일을 마무리하기, 종결 알리기 등을 하게 된다. 이때 드는 감정으로는 자신과 타인에 대한 용서와 결심, 평화로움을 느끼게 된다.

(7) 성장 맥락에서의 상실 재구성

이 단계에서는 슬픔을 극복하고 상실을 재구조화하는 단계로, 자신의 강점과 한계가 무엇인지, 죽음이나 남아 있는 시간의 유한성을 생각해 보거나 자신의 개인적 성장을 위해 동기와 추진력을 가지는 것이다. 이 단계에서는 현재보다는 앞으로 자신에게 어떠한 잠재력이 있는지 발견하고 문제에 도전해 보거나 호기심을 가지고 자신의 삶을 바라보거나 다양한 측면에서의 균형을 이루는 과정이기도 하다. 이때 드는 행동이나 정서, 감정 반응은 자발성이나 인내, 호기심, 통합감 등이 일어날 수 있다.

(8) 새로운 애착 단계로의 전환

이 단계에서는 상실 이전보다 더 크게 성장할 수 있는 재구조화와 상실을 이해하고 수용하는 단계로 전환되는 것이다. 이때 치료사는 애도자가 상실 이전의 상태로 갈 수는 없지만 그들이 성장과 희망의 맥락에서 상실을 재구성할 수 있도록 도와야 한다. 모든 위기는 성장의 맥락에서 재구성될 수 있음을 상기시킴으로써 내담자를 도와야 한다.

5) 그 외의 애도 단계

Silverman과 Klass(1996)는 애도의 과정을 단계이론의 대안으로 지속적인 유대 관계이론으로 설명하였다. 그들에 의하면, 애도 과정은 상실을 해결하는 과정이라기보다는 오랜 기간에 걸쳐서 협상하고 상실의 의미를 재협상하는 과정이라고 하였다. 또한 애도 반응에 대한 단계들이 고정된 것이 아니라 애도 과정 중에 슬픔을 극복하는 것을 통해 이러한 단계들이 작용된다고 하였다. 이처럼 애도하는 사람들의 애도 과정이 모두 같을 수는 없으나 이러한 과정들을 통해 자신의 삶을 재정립하고 삶의 의미를 되찾을 수 있는 의식적인 노력을 기울이는 것은 그 단계 순서와 상관없이 필수적인 부분임을 이해하는 것이 무엇보다 중요하다.

이와 더불어, 동반하기(Companioning the Mourner)는 상실을 경험한 사람들의 슬픔과 애도의 여정에 함께하는 것을 말한다. Wolfelt(2021)에 의하면, 이 개념은 원래 라틴어 어원에서 유래되었는데, 동반(companion)의 의미는 식사를 함께하는 사람(messmate)을 말하며, 애도자를 환자로 규정하는 치료한다는 말 대신, 애도하는 사람과 동반한다는 말을 더 지지한다고 하였다. 그는 애도의 여정에 동반하기 위한 원리를 제시하였는데, 동반한다는 것은 상실을 겪고 애도하는 사람의 슬픔을 평가하거나 분석하고 해결하는 것이 아니라 온전히 그의 영혼을 돌보며 함께하는 것이기 때문에, 치료사는 동반자로서 그 여정에 함께하는 것이라고 하였다.

이처럼 애도 작업은 내담자가 상실 슬픔을 극복하기 위해 현재 느끼는 감정을 충분히 표현할 수 있도록 하고, 이러한 과정 속에서 상실 대상이 없는 환경에 적응하면서 새로운 관계를 형성할 수 있도록 한다. 이를 통해 치료사는 내담자에게 변화와 성장을 경험할 수 있는 기회를 제공하고 내담자와 동반 성장할 수 있어야 한다.

3. 애도 상담

1) 애도 상담의 정의

　누군가의 죽음을 경험한다는 것은 사람마다 다르게 인식될 수 있지만 매우 힘든 경험이 되기도 한다. 특히 배우자의 죽음은 삶의 가장 큰 정서적 지지자를 잃는 것이며, 지금까지 살아온 삶의 방식이나 신념, 다른 사람들과의 상호작용에도 영향을 미치게 된다(윤득형, 2020). 이러한 경험을 한 사람들은 그렇지 않은 사람들보다 사회적 고립감이나 위축감으로 신체 및 정서적 어려움을 경험할 수 있어 이에 대한 심리적인 애도 작업이 무엇보다 필요하다.

　이러한 애도 작업을 하기 위해서는 각자 자신만의 방법으로 상실 대상을 그리워하고 추모하는 과정을 거칠 수 있다. 하지만 남은 사람들이 이를 개별적으로 다루기에는 애도를 충분히 다루지 못하거나 잘못된 방식으로 비정상적인 애도를 할 수도 있기 때문에 이를 다루기 위한 전문적인 과정이 필요하다. 이 과정은 애도를 다룰 수 있는 전문상담사, 심리치료사, 정신건강 치료사, 심리학자 등의 전문가들을 통해 이루어져야 한다. 만약 비정상적인 애도나 불충분한 애도가 이루어지게 되면 대인관계에서나 일상생활에서의 어려움, 심지어 질병에 걸리거나 죽음을 초래할 수 있기 때문에 이러한 애도를 다루는 전문적인 과정은 매우 중요하다.

　Worden(2009)에 의하면, 애도 상담은 유족들에게 정상적이거나 마무리되지 않은 사별 슬픔을 애도할 수 있는 과업의 과정에 이르도록 하여 합리적인 시간의 틀 안에서 건강하게 완결되도록 촉진하는 것이라고 하였다. 즉, 애도 상담이란 사별로 인해 겪게 되는 슬픔을 위로하고, 이로 인해서 생길 수 있는 신체적·인지적·정서적·행동적인 문제를 잘 해결함으로써 새로운 일상으로 회복할 수 있게 돕는 과정인 것이다. 애도 상담을 통해 치료사는 주로 사별한 사람이 상실에 대처하는 과정과 상실 대상이 없는 세상 속에서 새로운 삶을 살아가기 위한 회복의 과정을 거칠 수 있도록 도와주어야 한다. 상실에 대처하는 방법은 상실 대상의 죽음과 관련된 애도 작업에 초점을 두며, 회복에 대처하는 방법은 상실 대상이 존재하지 않는 현실 안에서 삶과 정체성을 재정립하는 것에 초점을 둔다.

2) 애도 상담의 목표 및 상담 과정

애도 상담의 전반적인 목표는 남아 있는 사람들이 상실 대상과 미해결된 일을 완결하도록 돕는 데 있다. Worden(2009)은 사별을 직면하고, 슬픔을 경험하고, 사별 후 현실에 재적응하는 단계에 따른 과업이론(grief-work theory)을 주장하였는데, 그가 제시한 애도 상담의 기본 원칙과 진행 과정은 다음과 같다.

첫째, 유족이 사별을 현실의 상황으로 받아들일 수 있도록 도와주기
둘째, 유족이 감정을 자각하고 경험할 수 있도록 도와주기
셋째, 상실 대상 없이 살아가도록 도와주기
넷째, 사별의 의미를 깨닫도록 도와주기
다섯째, 유족 마음속의 상실 대상을 정서적으로 배치하도록 촉진하기
여섯째, 사별을 애도할 시간을 제공하기
일곱째, 유족의 애도 행동을 정상적인 행동으로 해석해 주기
여덟째, 모든 유족이 같은 방법으로 슬퍼하지 않는다는 개인 차이를 인정하기
아홉째, 방어기제와 대처 방식을 분석하기
열째, 병리를 확인하고 의뢰하기

이상의 열 가지 원칙은 최대한 유족의 슬픔을 정상의 범주로 보고 상담에 임할 것과 그러한 작업이 효과적이지 않을 경우, 상담을 다른 사람에게 의뢰하라고 제시하고 있다. 이때 치료사는 사별을 겪은 내담자의 내재된 슬픔이 여러 가지 신체적·정신적 이상의 원인이 되어 나타날 수 있음을 인지해야 한다. 만약 치료사가 내담자의 슬픔 반응의 경감에 치우쳐서 임시방편으로 상담이 마무리되거나 내담자가 상담자로부터 제대로 이해받지 못한다는 생각을 가지게 되면 상담 거부 등

저항을 보이거나 그 사례가 조기 종결되는 경우가 발생할 수 있다. 따라서 치료사는 이에 대해 충분히 공감하고 애도 과정에 대한 전문적인 접근을 할 수 있도록 준비할 필요가 있다. 이와 관련하여 애도에 대한 전문적인 과정 중에 사별 사건에서 의미를 찾는 과정을 애도의 핵심 요소로 보는 연구들을 살펴보면 다음과 같다.

첫째, Neimeyer(2001)에 의하면, 애도에 대한 치료적 접근들이 이러한 의미 만들기 과정을 지향한다고 하였다. 그에 의하면, 두 가지의 의미 만들기 과정이 있다고 하였는데, 첫 번째는 상실을 경험한 사람이 상실 대상 없이 살아가는 경험에서 의미를 찾는 과정이며, 다른 하나는 사별 사건에서 의미를 찾는 과정을 말한다. 내담자의 이야기를 이해하고 그 이해를 촉진하려는 노력을 통해 개인이 자신의 경험을 어떻게 의미론적으로 구축하고, 이러한 의미 구축 과정이 그들의 애도 과정을 어떻게 형성하는지에 중점을 둔다. 이때 내담자는 이 과정에서 활동적인 주체로서 자신의 기억, 감정 및 관계와 계속해서 교차하며 그들의 상실을 이해하려고 노력하게 된다. 치료사는 내담자의 이러한 과정이 촉진될 수 있도록 내담자의 언어와 관계적인 역동을 주의 깊게 관찰하면서 내담자가 자신의 경험을 표현하고 자신의 애도를 이해하는 다양한 방법을 탐색하도록 도와주어야 한다. 이를 통해 내담자는 상실 대상과의 연결을 재구성하고, 이러한 상실이 내담자의 지속적인 삶에 미치는 영향을 더욱 선명하게 드러낸다. 의미를 형성하는 이 협력적인 과정을 통해, 내담자는 자신의 애도를 자신의 자아 개념에 통합하고, 보다 깊은 이해와 회복력을 가지고 앞으로 나아갈 수 있게 된다.

둘째, Kessler(2020) 또한 그의 저서 『의미수업(Finding Meaning)』에서 기존의 슬픔의 단계를 완성할 수 있는 마지막 단계로 '의미 찾기'를 제시하고 있다. 그에 의하면, 사랑하는 사람이 고통이 아닌 사랑으로 기억될 때, 그들의 못다 한 삶을 빛내기 위해 자신의 삶에서 의미를 만들 때 치유는 시작된다고 하였다. 따라서 그들에게 애도를 위한 공동체가 필요하며, 고통을 숨기지 말고 표출하게 하여 그 감정을 알아주고, 추모의 시간을 가지는 것이 중요하다고 하였다. 또한 사별의 고통 속에서 머물 것인지 고통을 비집고 의미를 찾아 나아갈 것인지 선택하는 것이 사별 치유의 시작(Kessler, 2020)이므로 이러한 관점은 의미 만들기 이론(Meaning-making theory)과 매우 유사하다. 즉, 사랑하는 누군가의 죽음에 의미를 찾고 이를 자신의 삶 속에서 의미 있는 행동으로 전환하는 과정을 가진다는 것이다.

이외에도 표현적 글쓰기가 애도 과정에서 치유적 가치를 가질 수 있다는 Worden(2002)의 연구에서는 중년기에 어머니를 잃은 여성들에 대한 지식을 증진하고, 이들이 표현적 글쓰기가 슬픔 과정에서 어떤 치유적 가치를 갖는지를 조사하였다. 그 결과, 어머니의 죽음에 대한 글쓰기 경험으로 인해 안도감을 느끼게 되었고 그들의 사고와 기억이 명확해진 것으로 나타났다.

이와 같은 애도에 대한 의미 만들기 과정과 글쓰기 과정은 애도 상담에서 매우 중요한 요소이므로, 사별을 경험한 사람들이 상실을 극복하고 성장을 할 수 있도록 이러한 과정을 적절하게 상담 장면에서 활용하는 것이 필요하다.

4. 애도를 위한 미술치료

1) 애도를 위한 미술치료의 개념과 가치

앞서 살펴보았듯이 우리는 상실을 경험한 후 그 대상의 죽음을 인정하고 상실과 관련된 슬픔을 극복하기 위한 애도의 시간이 필요하다. 애도 과정을 충분히 경험하는 것은 사별이라는 외상 경험 이후의 삶을 새로운 시각으로 바라보면서 인생의 가치관을 재정립하게 한다. 또는 충분한 애도 과정은 죽음의 종류와 관계없이 상실을 표현할 수 있는 유일한 방법이 된다(Herman, 2012). 즉, 상실로 인한 슬픔과 절망을 충분히 다루며 상실 대상을 떠나보내는 애도 과정은 이후 삶에서 적응적인 성장의 도구로 기능한다고 볼 수 있다. 이처럼 애도 과정에서 자신의 감정을 억압하지 않고 안전하게 표현하는 것은 상실의 슬픔을 극복하는 데 있어 필수적이며, 상실 대상이 없는 환경에 다시 적응하면서 그 대상과 새로운 관계를 설정해 나가는 과정에서 미술치료가 활용될 수 있다. 우리가 경험하는 심리적 갈등을 극복하기 위한 개입으로 시각적 은유가 갖는 치유적인 기능은 오래전부터 강조되었다(Cohen et al., 1995). 미술은 우리가 마주하기 힘든 상실로 인한 슬픔이나 절망의 감정을 억압하거나 외면하지 않고 소중히 다룰 수 있는 기회를 제공하며, 애도의 복합적인 감정을 다루고 구체화하는 데 안전하고 편안한 도구가 된다. 이 장에서는 애도를 위한 미술치료에서 경험하게 되는 미술치료의 치유적인 요인과 미술치료의 기능 및 장점에 대해서 다루고자 한다.

(1) 상실과 관련된 감정을 다루기 위한 미술 매체와 미술 작업의 기능

우리에게 중요한 대상이 사망한 경우, 특히 준비되지 않고 예측하지 못한 채 일어나는 죽음을 받아들이기란 쉽지 않은 과정이며 이는 개인뿐만 아니라 가족 구성원 모두에게 충격, 절망과 슬픔 및 비탄의 감정을 불러일으킨다. 특히 상실을 경험한 사람들의 감정은 논리적인 형태로 설명하기가 어렵다(Malchiodi, 2008). 만약 이러한 상실과 관련된 감정을 적절히 다루지 않고 내버려 두면 긴 시간 동안 슬픔과 절망에 빠지거나 우울, 불안 및 정서적 혼란감을 경험하게 될 뿐만 아니라 적응적인 삶의 기능을 상실하게 된다. 미술치료는 애도 과정을 거쳐야 하는 개인의 혼란스러운 감정이나 상실감을 미술로 표현하면서 언어로 표현하기 버겁고 무거운 감정과 고통을 표현하도록 돕는 치료적 기능을 한다. 즉, 미술 작업 과정은 상실로 인한 강력한 감정들을 안전하고 소중하게 다룰 수 있는 장소가 되어 주며 안전한 틀을 제공한다는 것이다. Kübler-Ross와 Kessler(2005)는 우리가 상실을 경험하고 겪게 되는 슬픔의 감정은 외부로 표현되어야 하며, 상실과 관련된 감정을 외부로 안전하게 표현하고 구체화하는 방법으로 미술치료의 중요성을 강조하였다.

이처럼 미술치료는 상실과 같은 삶의 위기 상황에서 심리적 회복을 이루어야 할 때 개인을 돌볼 수 있는 적합한 도구가 된다. 내담자는 감각을 자극하는 다양한 매체를 다루고 몰입하며 언어화되기 힘든 감정에 머무를 수 있게 된다. 상실을 경험한 내담자가 현재의 삶을 살기 위해서는 감각에서 시작하여 점차 감정과 내면적 욕구에 초점을 맞추어 지각하고 그것을 표현하는 과정이 이루어져야 하는데, 미술치료에서 매체의 활용은 이러한 감정을 다루는 데까지 연결된다는 것이다. 이렇게 미술치료는 우리의 감각을 활성화하고 내담자의 몰입을 돕기 때문에 상실을 경험한 개인의 현실 인식을 돕고 미술 작업에서 활용되는 다양한 감각적인 매체는 상실 대상에 대한 미해결된 감정이나 과제를 떠올려서 해결하게 하며 이후에 새로운 관계로 재정립하는 과정을 돕는다. 더욱이 미술 매체는 내담자에게 인지 및 정서적으로 반응하도록 하며, 매체 자체의 특성과 처리 과정에 대한 반응에서 투사가 일어나게 한다(Rubin, 1984). 특히 우리가 상실을 경험하면 충격으로 인해 대개 멍한 상태에 놓이거나 무기력을 경험하는데, 현실 자각을 촉진하는 미술 매체는 '지금-여기'에 머물게 하며 현실감을 깨우는 기능을 한다(주리애 외, 2021). 이렇게 미술치료의 감각 경험을 통해 내담자는 자신의 현실, 기억과 무의식 등을 '지금-여기'에서 표현하여 치료 장면에서 다룰 수 있게 된다.

특히 비언어적 의사소통 매체인 미술은 언어능력이 미숙한 아동의 비언어적인 표현을 촉진하는데, 상실을 경험한 내담자가 보편적으로 경험하는 슬픔, 분노, 좌절이나 우울 또는 죄책감과 같은 복잡하고 혼란스러운 감정을 매체를 통해 표현하는 것이 언어적으로 표현하는 것보다 더욱 안전하고 편안하게 느낄 수 있다. Goldman(2004)은 아동을 위한 애도 상담에서 아동과 청소년의 억압된 감정을 안전하게 표현하도록 돕는 것이 애도 과정에서 매우 중요하며 이후 건강한 성장 발달에 중요한 요인이 된다고 보았다. 이는 언어능력이 충분히 발달하지 않은 아동뿐만 아니라 고통스러운 감정을 표현하는 데 어려움을 느끼는 청소년이나 성인에게도 해당된다고 볼 수 있다. 미술 매체를 통해 표현되는 고통스러운 감정 표현은 우리가 감정을 보다 면밀히 탐색하고 인식하며 이 과정을 거쳐 해소되고 통합될 수 있다. 특히 상실을 막을 수 없었던 자신뿐만 아니라 예기치 못한 상실로 인한 분노는 가족, 의사, 상실 대상, 신의 권능이나 자비까지 연결되는데, 미술 매체는 이러한 강력한 감정을 활성화시키고 미술 작업을 통해 이를 표현하도록 촉진한다.

이처럼 다양한 감각 매체를 활용한 미술 작업은 상실을 경험한 개인이 마주하기 힘든 감정을 자연스럽고 안전하게 표현하도록 하고, 상실과 관련된 감정을 인식하고 수용하도록 하여 상실감을 극복할 수 있도록 도움을 준다. 즉, 미술치료에서 경험하는 다양한 미술 매체와 작업은 상실로 인한 혼란스러운 감정을 표현하기에 안전한 장이 되어 준다. 또한 미술치료사와 함께 다루게 되는 감정 작업은 자신의 감정을 정확하게 인식하게 하고 표현하며 더 나아가 상실 대상과 새로운 관계를 재정립할 수 있게 한다. 특히 매체와 작업은 상실한 대상에 집중된 감정의 방향을 다른 쪽으로 돌리도록 하는데, 이를 통해 내담자의 주변 관계를 재인식시켜서 상실 대상에게 집중된 감정의 환기를 돕는다. 이처럼 혼란스러운 감정이 캔버스나 입체 작업에서 시각적으로 표현되면서 내담자는 자신의 감정을 객관적으로 바라볼 수 있고 미술치료사와 함께 작품을 다시 바라보고 이야기를 나누면서 감정을 안전하게 다루며 소화시키는 데 도움을 받게 된다.

(2) 애도를 위한 미술치료에서의 창조성 기능

상실 이후 고통과 절망감을 다룰 때 미술치료의 창조적인 치료적 가치가 대두되고 있으며, 다양한 창의적 활동이 상실에 대한 애도 작업을 돕는다고 알려져 왔다(Bolton, 2007). 이미 미술치료가 지닌 창조적인 치유적 기능에 대해 여러 학자들이 언급해 왔는데, Kramer(1971)는 'Art as Therapy(치료로서의 미술)'에서 미술 작업 과정 중 창조적인 작품 제작 그 자체가 치료적이라고 강조하였으며, 미술을 통해 발현되는 창의성 그 자체가 치유적이라고 하였다. Kramer와 함께 미술치료의 선구자로 알려진 Naumburg(1966)도 미술의 창조적 표현을 중요시하였는데, 창조적 표현이 우리가 소통하는 언어가 되며 성장과 지속의 원천이 된다고 보았다. 이와 마찬가지로 Worden(1996)은 미술 활동이 상실을 경험한 아동에게 상실의 고통을 창조적으로 바꿀 수 있는 계기가 되어 주며, 이를 통해 자신의 세계를 조망하여 바라볼 수 있게 하는 능력을 얻게 된다고 하였다. 이는 상실 경험 자체가 자기 정체성에 영향을 미치는 충격적인 사건이지만 미술이라는 창조적인 작업을 통해 상실 대상으로 향한 감정을 다루며 더 나아가 자신의 정체성을 회복하여 건강한 삶의 기반을 만들 수 있다는 것이다.

이처럼 미술 활동은 상실에 대한 치유 공간을 제공하면서 창조적인 에너지를 통해 상실을 극복하고 내면의 힘을 키워 자신의 정체성을 효과적으로 확립하도록 돕는다. Worden(1996)은 사별을 경험한 아동에 대한 치료적 개입에서 미술 활동이 아동에게 상실을 창조적으로 전환할 수 있는 기회를 제공하며, 자신의 슬픔과 갈등 및 혼란스러운 감정을 미술을 통해 표현하고 신뢰로운 미술치료사와 함께 나눌 수 있다고 보았다. 미술치료에서 표현되는 시각적인 자료와 작업 과정을 통한 창조적인 경험은 내담자에게 새로운 에너지와 잠재력을 불러일으켜서 상실과 관련된 복잡한 정서를 다루게 한다. 즉, 작품 제작을 통해 표현되는 창조적인 경험은 치유의 기능을 갖고 고통을 창의성으로 바꾸어 주기 때문에 반드시 애도 과정에서 경험될 수 있어야 한다. 이와 같이 창조성은 애도 과정에서 필수적인 요소로 기능하게 되는데, 미술을 통한 혼란스럽고 고통스러운 감정을 방출하며 회복하는 과정은 창의성과 승화의 기본이 되고 이러한 경험을 통해 상실 대상이 개인에게 상실된 존재가 아닌 내면에 실존하는 대상으로 존재하게 된다. 또한 미술치료에서의 창조적 활동은 자기 표현을 촉진시킬 뿐만 아니라 내면의 잠재 능력을 깨워서 자기 성장에도 도움을 주게 된다.

애도를 위한 미술치료에서 창조성은 내담자가 만들어 내는 작품에 새로운 생명을 불어넣고 상실한 대상에 대한 표상을 회복할 수 있는 공간이 된다. 이러한 의미에서 창조성은 단순히 새로운 것을 창조하는 능력이 아니라, 상실과 부재를 재해석하고 재구성하여 새로운 의미와 가치를 부여하는 과정이라고 할 수 있다. 상실의 경험은 심리적 충격을 동반하지만, 작업에서 나타나는 상징화와 재현을 통해 잃어버린 대상을 다른 형태로 회복함으로써 새로운 의미를 찾게 된다는 것이다. 이러한 과정은 창의적인 정신적 공간을 형성하며, 이 공간은 다시 비옥하게 만들어질 수 있는 잠재력을 지니게 된다. 즉, 상실의 경험을 통해 얻게 되는 심리적 고통은 상징화와 재현을 통해 승화되고, 이는 새로운 작품으로 탄생하게 되는데, 이로써 창의성은 단순한 결과물이 아니라, 지속적으로 생성되고 변형되는 동적인 과정으로 나타나게 된다는 것이다.

(3) 애도를 위한 미술치료에서의 이미지와 시각적 자료의 기능

미술치료는 슬픔과 애도가 표현되는 상황에서 상실에 대한 깊은 감정을 표현하도록 함으로써 치유의 가장 중요한 요소를 제공할 수 있는데, 미술치료에서는 상실과 관련하여 이미지를 활용해서 상실감, 공허함이나 무의미함을 다루고 두려움, 우울이나 공포감 등의 감정을 표현할 수 있다(Malchiodi, 2011). 특히 우리 내면에 있는 다양한 감정이나 심상(image)은 그리거나 만들기 같은 시각적인 대상으로 표현되어야만 물리적인 형체를 갖기 때문에 미술 작업을 통해 드러난 상실과 관련된 감정을 비로소 다룰 수 있게 되며 이 과정을 통해 치유의 경험을 하게 된다. Kübler-Ross와 Kessler(2005)는 애도 과정에서 미술치료가 우리의 내면세계와 외부 현실을 연결한다고 보았으며, 상실을 경험한 개인이 자신의 감정을 캔버스 위에 구체화시켜 슬픔과 관련된 정서를 표현하게 된다고 하였다. 또한 이러한 과정이 안전한 퇴행으로도 기능하며 개인의 자아 성찰로 연결된다고 보았다. 이처럼 시각적 이미지를 통한 미술 작업이 혼란스러운 감정을 표현하게 하고 미해결된 감정을 다룰 수 있을 뿐만 아니라 자아를 건강하게 하는 방법이 된다고 볼 수 있다. 또한 시각화된 이미지는 자기 반영과 자기 이미지와 더불어서 자신의 세계를 구성하는데, 미니어처와 같이 축소된 이미지는 안전한 심리적 거리를 유지하며 자신을 탐색하고 통찰하게 하는 안전한 틀이 된다.

우리는 미술 작업을 통해 상실 대상을 상징하고 추모하며 기억하는 의례(ritual) 과정을 경험하며 시각적인 추모물/기념물(visual memorials)을 만나게 된다. 다양한 미술 작업에서 마주하게 되는 상실 대상과 관련된 시각적 자료를 통해 우리는 상실 대상과의 추억을 떠올리거나 그 대상과의 관계를 탐색하고 재경험하며 감정적 치유를 경험한다. 이러한 시각적 자료를 통해 상실 대상과의 추억을 떠올리며 이야기하는 것은 슬픔과 고통을 표현하는 기회를 제공하고 감정에 압도되지 않도록 자신의 현실을 축소한 삶의 미니어처로 한걸음 떨어져 나와 바라보게 하며 상실의 고통을 극복하게 한다. 상실이나 외상을 경험한 아동의 경우, 미술과 놀이에서 외상이나 안전에 관련된 '반복'적인 이미지의 표현과 행동을 보인다. 이러한 시각적 이미지의 반복은 상실로 인한 외상을 극복하는 상징적인 힘을 얻게 하며 상실을 극복하게 한다고 볼 수 있다.

또한 애도를 위한 미술치료는 내담자가 만든 작품 이미지에서 표현된 상실 대상의 모습이나 관련된 기억을 객관화시키며 재발견할 수 있는 기회를 주기 때문에 상실에 대한 새로운 시각을 제공하며 사별 사건, 상실 대상과의 관계나 혼란스러운 감정에 대한 재정립을 돕는다. 간혹 상실을 경험한 대상은 자신의 잘못으로 상실 대상이 죽었다는 생각을 하거나, 상실 대상이 아닌 다른 사람과 관계를 맺는 것이 그 대상을 배신하는 일이라고 생각하거나 상실 대상으로부터 버림을 받았다고 생각하기도 한다. 이러한 왜곡된 사고는 상실을 경험한 개인에게 고통스럽고 혼란스러운 감정을 가중시키거나 이후 사회적 관계의 어려움과 같은 다양한 문제를 초래하기도 한다. 이를 위해 미술치료에서는 사별 가족들의 감정 표현을 촉진시키고 상실 대상에 대한 추억을 떠올리게 하며 나타난 이미지를 통해 왜곡된 기억이나 추억을 변환하는 시간을 제공하도록 한다. 또한 Worden(2016)이 언급한 '현실에 적응하고 감정을 재배치하기'의 애도 과업처럼, 내담자에게 내적 대상으로 경험되는 상실 대상의 이미지를 시각적으로 표현하면서 내담자가 미처 인지하거나 인식하지 못한 우연적 요소들이 표현되기도 하는데, 이는 내담자가 경험한 상실과 애도에 대한 새로운 관점과 사고의 전환을 가져다주어 현실 적응을 돕는다.

미술치료 장면에서 내담자는 상실 대상에 대한 주제로 그리거나 만들기 작업을 한 후, 작품을 바라보며 미술치료사와 대화를 나눌 수 있다. 이러한 과정은 상실한 대상에 대한 개인의 생각과 감정을 객관적으로 바라볼 수 있게 하고 더 나아가 상실 대상에 대한 추억, 아쉬운 점이나 좋았던 점을 주제로 한 작품 활동을 통해 상실 대상에 대한 부정적인 측면과 긍정적인 측면을 통합하여 의식하게 하는 인지 재구조화 작업이 가능하다. 즉, 상실을 경험한 개인은 자신이 그리고 만든 이미지와 상징을 통해 상실 대상에 대한 감정과 생각을 재발견하고 왜곡된 감정이나 생각을 다루며 상실 대상이 떠난 현실을 수용하게 된다. 이러한 의례(ritual) 과정은 우리로 하여금 상실의 슬픔을 소중히 다루며 애도할 수 있는 기회가 될 뿐만 아니라 상실 대상이 부재한 현실을 인지하고 받아들이면서 안전하게 고통감을 표현하는 과정을 통해 새로운 환경에 적응하며 성장하도록 한다. 이처럼 상실의 경험을 바탕으로 창조적으로 재구성된 시각적 이미지와 완성된 작업은 내담자의 통합된 정서적 태도를 촉진시켜서 애도의 의미를 보다 적응적으로 재구성하여 성장의 기회를 제공한다고 볼 수 있다.

더욱이 미술치료를 진행하며 회기별로 작업한 작업물을 다시 보는 것은 내담자와 미술치료사에게 시간의 흐름에 따라 상실에 대한 주제나 감정 표현 및 상실과 관련된 내담자의 인식과 관련하여 변화 과정을 돌아보게 한다. 내담자도 자신이 완성한 시각적 자료를 통해 자신의 변화 과정을 살펴보면서 상실에 대한 재정립된 인식과 감정의 변화를 확인할 수 있으며, 작품에서의 변화와 더불어 현실에서의 변화도 함께 확인할 수 있게 된다.

(4) 애도를 위한 미술치료의 장점

애도를 위한 미술치료의 궁극적인 목표는 내담자가 상실 대상과 미해결된 과제를 마치고 상실 대상에게 작별을 고할 수 있도록 돕는 것이다. 미술은 애도 과정에서 경험하게 되는 감정을 탐색하는 데 효과적인 도구가 된다. 앞서 애도를 위한 미술치료의 여러 기능적인 측면에서 살펴보았듯이, 미술 활동은 내담자로 하여금 시각적인 사고를 하도록 하며 이미지를 활용한 시각적 사고는 기존의 고정된 방식과는 다른 차원의 사고를 하도록 하여 더 높은 수준의 자기 자각을 하도록 돕는다. 또한 미술치료는 미술 자체가 지닌 치유적인 힘이 창조적 행위로써 상실과 관련된 절망적인 현실에서 회복으로 전환하게 하여 애도 과정을 촉진할 수 있는 적합한 개입이라고 볼 수 있다. Irwin(1991)은 사별을 경험한 가족상담에서 미술을 활용할 때의 장점에 대해 기술하였다. 첫째, 미술은 사별과 관련하여 가족 구성원의 감정의 완화를 촉진시켰고, 둘째, 그들이 인식하지 못하고 있던 상실 대상과의 갈등을 감소시켜 주었고, 셋째, 그들이 상실한 것이 무엇인지에 대해 깨닫도록 자각을 증진시켰으며, 넷째, 완성된 미술 작업을 보는 것은 그들이 애도 과정에서 어디 즈음에 도달하였는지 알 수 있었다고 하였다. 애도 과정에서 미술치료가 장점이 될 수 있는 부분은 미술의 본질 및 미술의 치유적 속성과 그 맥락이 같다. 애도를 위한 미술치료에서 미술이 갖는 다양한 장점에 대해 다음과 같이 정리해 볼 수 있다.

> **애도를 위한 미술치료에서 미술이 갖는 다양한 장점**

(1) 언어로 표현하기 어려운 강력한 감정을 자연스럽게 표현하고 인식하는 안전한 틀이 된다.

(2) 미술 작업은 방어와 저항을 줄이고 상실 대상과 관련된 부정적인 감정을 마주하게 한다.

(3) 상실의 경험과 관련하여 압도할 것 같은 부정적 감정을 완화하는 데 도움이 된다.

(4) 미술 활동에서 경험하는 다양한 감각 매체는 내담자의 몰입과 현실 자각을 촉진한다.

(5) 미술 매체의 활용이나 미술 작업에 집중하는 것은 상실 대상에게 몰두하는 감정이나 행동이 현실 세계로 전환되도록 돕는다.

(6) 창의적인 미술 작업이 상실과 관련된 회복을 촉진시키고 치유 반응을 불러일으킨다.

(7) 미술의 창조적인 작업은 상실 대상을 애도할 수 있는 의례를 제공한다.

(8) 미술 작업은 상실 대상이 부재한 현실과 관련된 갈등이나 상실 대상과의 관계에서 미해결된 감정을 반추시켜주는 그릇이 된다.

(9) 다양한 미술 작업을 통해 상실 대상과 관련한 의미를 찾고, 통찰을 획득하고 갈등을 해결하게 하여 상실감을 극복하게 한다.

(10) 작품, 내담자와 미술치료사의 삼각 구도는 상실과 관련된 감정과 갈등을 안전하게 다루고 수용 받는 경험을 하게 한다.

(11) 애도 과정의 단계별로 제공되는 미술 작업을 통해 사별 대상에 집중된 내담자의 시야를 넓혀 보다 적응적인 자기 표상을 가지고 새로운 관계를 맺을 수 있는 내면의 힘을 갖게 한다.

(12) 미술치료 과정에서 완성된 작품은 애도의 변화 과정에 대해 인식하게 한다.

이처럼 미술치료는 사람들이 자신의 감정을 더 잘 이해하고 상실로 인한 부정적 감정을 인식하여 충분히 느끼도록 하며 회복하는 데 활용된다. 애도를 위한 미술치료는 우리의 성장 과정과 유사하다고 볼 수 있는데, 상실로 인한 애도 과정을 통해 자신의 존재 및 정체성에 대해 다시 돌아보고 삶의 중요한 요소들을 발견해 나가며 인생의 의미를 찾아가는 성장을 위한 원동력이 된다고 볼 수 있다.

2) 애도를 위한 미술치료의 치료 목표와 전략

애도를 위한 미술치료는 애도 과정에서 필수적인 감정을 표현하고 고통과 마주하는 안전한 방법으로 애도 과정을 촉진할 뿐만 아니라 상실을 경험한 개인의 심리적 발달을 가져오게 한다. 미술치료는 매체를 통해 이미지를 창조하고 이야기와 상징으로 재조직화되면서 자아의 발달을 이끌 수 있다(Thompson & Neimeyer, 2020). 이는 상실한 대상과 자기 자신을 분리시키는 고통스러운 과정이지만, 상실 반응의 슬픔 그 자체로 치유하고 회복하도록 돕는다. 애도를 위한 미술치료의 치료 목표와 치료 전략은 다음과 같다.

(1) 치료 목표

애도를 위한 미술치료의 치료 목표는 상실로 인한 강력한 감정을 충분히 경험하고 표현하게 하며, 상실에 적응하고 상실감을 내담자의 삶에 통합시켜 나가는 것이라고 볼 수 있다.

(2) 치료적 전략 및 개입

상실 대상이 떠난 현실을 수용하는 것은 상실 대상이 부재한 현실을 받아들이면서 관계를 재정립하며 과거와 다른 새로운 현실을 인식하고 수용하는 것을 의미한다. 구체적인 치료적 개입 방식은 다음과 같다.

① 미술 매체와 작업을 통해 상실에 대한 몰입을 돕고 감각을 활성화시켜 현실 자각을 높인다.

가. 감각을 활성화시키는 매체를 충분히 탐색하게 하고 시각적 이미지를 통해 상실 사건에 대해 표현하도록 한다. 이 과정에서 상실과 관련된 사건에 대해 구체적으로 표현하도록 한다.

🍃 **탐색을 위한 질문**
⇨ 내담자와 작품을 바라보며 "그때 무슨 일이 있었는가?"
"그 사실을 누가 알려 주었는가?" "상실 소식을 어떻게 들었는가?"
"장례식이나 추모 의례는 어떻게 이루어졌는가?"와 관련하여 이야기를 나누면서 내담자의 현실 자각을 높이도록 한다.

나. 장례식이나 추모 의례와 관련하여 미술 작업을 진행하고, 이와 관련된 내담자의 감정 및 사고에 대해 탐색한다.

> 🦋 **탐색을 위한 질문**
> ⇨ 내담자와 작품을 바라보며 "작품을 바라보니 어떤 마음이 드는가?"
> "떠오르는 생각이나 감정이 있는가?"
> "작품을 다르게 변형하고 싶은가?" 등을 질문하여 내담자의 감정과 사고를 탐색하도록 한다.
> 이 과정에서 내담자의 속도에 맞게 내담자가 표현하는 것에 집중하고 표현의 의미를 들어주며 내담자가 갖는 상실과 관련된 감정과 사고를 작품을 통해 안전하게 경험하도록 한다.

② 내담자가 지닌 상실과 관련된 부정적인 감정을 미술 매체와 작업을 통해 자각하고 표현하여 자신의 감정을 인식하도록 돕는다. 또한 이러한 감정이 내담자에게 미치는 영향에 대해 다룬다.

가. 상실을 경험한 후 느끼는 감정은 대개 강력한 고통과 불쾌감(분노, 무기력, 외로움, 공허함, 죄책감, 불안 등)인데, 이를 매체와 작품을 통해 안전하게 표현하고 인식하게 한다.

> 🦋 **탐색을 위한 질문**
> ⇨ 내담자와 작품을 바라보며 "작품을 보니 어떠한 감정이 느껴지는가?"
> "작업 과정 중에 올라오는 감정이 있는가?"
> "특정한 감정(예: 분노, 죄책감, 불안 등)을 바라보니 어떠한 마음이 드는가?"
> "일상생활에서 특정한 감정(예: 무기력, 외로움, 공허함 등)이 가장 빈번하게 올라오는 때는 언제인가?"
> "그때 무슨 생각이 들었는가?"
> "특정한 감정(예: 절망감, 분노, 불안 등)이 올라올 때 경험하는 신체 증상이 있는가?"
> "그러한 감정이 올라올 때는 어떻게 행동하거나 반응하는가?" 등을 질문하며 내담자가 강렬한 감정을 안전하게 인식하고 표현하도록 한다.

나. 상실 대상과 관련된 감정에 집중하면서 상실과 관련된 분노의 감정을 안전
  히 마주하도록 다양한 매체를 활용해서 감정을 표현하도록 한다.

🦋 **탐색을 위한 질문**

⇨ 작업 후 질문 과정에서 "상실 대상과 관련된 어떤 부분이 그리운가?"로 시작하며 분노
와 관련된 직접적인 질문을 하는 것보다. "상실 대상의 어떤 점이 그립지 않은가?" "혹
시 상실 대상이 당신을 실망시킨 적이 있는가?"의 질문을 통해 자신의 부정적인 감정에
마주하게 한다.

다. 상실 대상과 관련하여 긍정적 감정을 발견하도록 한다. 내담자가 상실 대상
  에 대해 긍정적인 감정을 갖고 있지 않더라도 그와 관련된 긍정적인 감정이
  나 그와 상응할 수 있는 감정과 접촉하도록 하는 것은 중요하다. 상실 대상
  과 관련하여 긍정적인 감정을 인식하고 인정하는 것은 상실을 건설적으로
  다루는 데 도움이 된다. 이를 위해 상실 대상과 관련하여 긍정적 감정을 담
  고 있는 특정한 사건이나 기억을 작품으로 표현하게 한다.

🦋 **탐색을 위한 질문**

⇨ 내담자와 작품을 바라보며 "작품을 바라보니 어떠한 감정이 느껴지는가?"
"작업 과정 중에 올라오는 감정이 있는가?"
"완성된 작품에서 느껴지는 긍정적인 감정(행복했거나 즐거웠던 때의 느낌)이 있었는가?"
"작업 과정 중에 떠오른 즐거웠던 기억이나 행복했던 감정이 있었는가?"
"작품과 관련된 행복하거나 즐거웠던 때의 기억이 자신에게 어떤 의미를 지니는가?" 등을
질문하며 내담자가 긍정적인 정서를 발견하고 의미를 찾도록 한다.

라. 상실 대상과 관련하여 내담자의 죄책감을 다룬다. 상실 대상에 대한 합리적
  이지 않은 죄책감은 작품을 통한 현실성 검증으로 확인할 수 있다. '상실 대
  상에 대해 만약 내가 ~했더라면'과 관련된 주제로 이미지를 완성하도록 한
  다. 만약 내담자가 상실 대상의 죽음에 대한 책임이 있다면 작업 후 역할극
  이나 작업을 활용한 대화를 통해 상실 대상과의 화해를 돕는다.

🦋 **탐색을 위한 질문**

⇨ 내담자와 작품을 바라보며 "작품을 보니 어떠한 감정이 느껴지는가?"
"작업 과정 중에 올라오는 감정이 있는가?" 등을 먼저 질문한다.
만약 내담자가 "상실 대상에 대해 내가 제대로 역할을 감당하지 못했다"거나 "상실 대상에
대한 죄책감이 든다."라고 한다면, "어떤 일을 할 수 있었을까?" 또는 "만약 내가 역할을 잘
감당했다고 한다면 어떤 모습으로 표현될 수 있을까?" 등을 질문하며 그림이나 만들기로
표현하게 하거나 작품을 변형시킬 수 있다. 또한 작품을 바라보며 상실 대상이나 자신에게
하고 싶은 이야기로 죄책감을 표현하도록 한다.

마. 불안과 무력감을 구체적으로 다룬다. 미술 작업을 통해 불안을 안전하게 표
   현하게 하고 내담자가 경험하는 불안이 무엇인지 인식하도록 돕는다. 죽음
   이나 상실과 관련하여 내담자가 경험하는 두려움과 관련된 감정은 작품을
   통해 표현하게 하고 현실 적응을 위한 구체적인 방안을 탐색하면 내담자는
   안도감을 느낀다.

🦋 **탐색을 위한 질문**

⇨ 내담자와 작품을 바라보며 "작품을 보니 어떠한 감정이 느껴지는가?"
"작업 과정 중에 올라오는 감정이 있는가?"를 먼저 질문한다.
내담자가 작품이나 작품 과정에 대해 이야기하며 불안이나 무기력에 대해 언급한다면,
"불안과 관련된 감정을 바라보니 어떠한 마음이 드는가?"
"일상생활에서 불안이나 무기력이 가장 빈번하게 올라오는 때는 언제인가?"
"그때 무엇을 하는가? 혹은 무엇을 할 수 있는가?" 등을 질문하며 이와 관련된 감정과 적
응적인 방안을 다루도록 한다.

바. 충분히 슬퍼하고 슬픔에 머무르도록 격려한다. 슬픔의 감정을 매체와 작품
   안에서 표현하고 머무르는 것은 치료적이다. 내담자가 미술 작업뿐만 아니라
   안전한 공간과 신뢰로운 관계 안에서 슬픔을 표현하고 위로를 경험하는 것은
   매우 중요하다. 슬픔의 감정에만 머무르는 것보다는 다양한 미술 기법을 활
   용하여 내담자가 상실한 것이 무엇인지 인식하도록 하는 것은 도움이 된다.

⇨ 내담자와 작품을 바라보며 "작품을 보니 어떠한 감정이 느껴지는가?"
"작업 과정 중에 올라오는 감정이 있는가?"를 먼저 질문한다.
이후 "상실 대상이 떠난 후 충분히 슬픔의 시간을 보냈는가?"
"이 슬픔의 감정이 어디서부터 오는가?"
"상실 대상이 나에게 어떤 의미였는가?" 등을 질문하며 내담자의 슬픔을 다루고 상실한 것이 무엇인지 인식하도록 돕는다.

③ 내담자가 상실 대상에게 작별을 고할 수 있게 돕고 상실 대상이 부재한 환경에서 적응하도록 한다.

가. 내담자는 애도를 위한 미술치료 과정에서 상실 대상이 부재한 삶과 새로운 관계에 대한 적응을 경험하게 된다. 미술치료실 안에서뿐만 아니라 작업 과정과 작품을 통해 내담자가 스스로 결정하는 능력을 이끌어 주고 일상생활의 새로운 관계에 적응하도록 다양한 미술치료 기법을 활용한다.

⇨ 내담자와 작품을 바라보며 "상실 대상이 부재한 삶이 나에게 어떻게 느껴지는가?"
"나에게 새로운 관계가 어떻게 다가오는가?"
"상실 대상이 부재한 상황에서 스스로 해야 하거나 혼자 하는 일이 어떻게 경험되어 지고 있는가?"
"이 미술 작업처럼 그 과정이 어떻게 느껴지는가?" 등을 질문하며 내담자가 상실 대상이 부재한 삶의 적응을 돕는다.

나. 내담자가 상실 대상을 정서적으로 재배치하도록 미술 작업과 시각적 이미지를 활용하여 촉진한다. 상실 대상을 작업 과정에서 추모하고 작품을 통해 기억하는 것은 과거나 상실의 상태에 묶인 내담자를 벗어나게 하는 치료적 개입이 된다.

🦋 **탐색을 위한 질문**
⇨ 내담자와 작품을 바라보며 "이전과는 다르게 현재 작품으로 마주하는 상실 대상을 보며 어떤 마음이 드는가?"
"작업 과정 중에 올라오는 특별한 감정이 있는가?"
"나에게 상실 대상이 어떻게 경험되어 지는가?" 등을 질문하며 상실 대상을 정서적으로 재배치하는 과정을 돕는다.

다. 새로운 관계를 두려워하거나 주저하는 내담자의 경우, 미술치료사와의 새로운 관계 경험처럼 상실 대상이 부재한 현실의 공백을 현실에서의 관계 경험으로 채우는 것에 도움이 된다는 것을 인식하도록 한다.

🦋 **탐색을 위한 질문**
⇨ 내담자와 작품을 바라보며 "지금까지 미술치료사와의 관계가 당신에게 어떻게 경험되어 졌는가?"
"새로운 관계에서 느끼는 어려움이 무엇인가?"
"내가 새로운 관계를 맺어 간다면 상실 대상이 무슨 생각을 할지 혹은 어떤 감정을 느낄 것이라 생각되는가?" 등을 질문하며 새로운 관계 경험의 의미를 찾아가고 관련된 감정을 다룬다.

④ 상실한 대상의 의미를 깨닫도록 돕는다.
    상실 대상이 자신에게 어떠한 의미를 지니는지를 살펴보고 나에게 남겨진 지지체계 및 소망을 담은 미래의 모습 등을 작품을 통해 표현하도록 한다. 상실 대상의 의미를 깨닫게 하고 내담자가 성장하도록 도우며 일상생활에서의 새로운 관계 경험을 촉진하고 상실 대상을 편안히 기억하도록 한다.

🦋 **탐색을 위한 질문**
⇨ 내담자와 작품을 바라보며 "작품을 바라보면서 떠오르는 생각과 감정이 있는가?"
"상실 대상이 나에게 어떤 의미를 지니는가?"

"현재 나와 일상을 함께하는 가족 구성원에게 하고 싶은 이야기가 무엇인가?
"상실 대상이 나에게 어떤 이야기를 하고 있는지 혹은 나는 무슨 이야기를 해 주고 싶은
가?"등을 질문하며 내담자가 상실한 대상의 의미를 깨닫도록 한다.

3) 애도를 위한 미술치료의 단계

애도를 위한 미술치료는 크게 초기, 중기, 후기(종결) 단계로 나뉠 수 있다. 초기
단계에서는 미술치료사와 내담자의 라포 형성 및 다양한 매체 탐색을 통한 정서
적 이완을 촉진하며 다양한 초기 활동을 통해 상실 대상을 회상하며 상실에 대한
자신의 신체적·정서적 반응 및 감정을 탐색하여 표현하도록 한다. 이 과정에서
내담자는 상실 후 현재의 자신 및 남겨진 가족 구성원과의 관계를 인식하며 상실
한 대상과의 관계에서 남겨진 부정적인 영향을 알아차리게 된다. 이 과정에서 내
담자는 상실을 인정하지 않고 부인하거나 회피 반응을 보일 수 있는데, 상실을 인
정할 수 있게 상실의 현실을 받아들이도록 한다.

중기 단계에서는 치유 과정이 시작되는 단계로 상실로 인한 강렬한 감정을 표
현하고 직면하는 단계이자 애도 과정이 없었던 지난 시간을 알아차리고 상실 대
상에 대한 미해결된 감정과 사별 현실을 인식하고 수용하는 단계이다. 분노, 죄책
감, 불안과 무력감, 슬픔 등 애도와 관련된 부정적인 감정 및 상실 대상에 대한 양
가감정을 매체와 작업을 통해 안전하게 표현하고 인식하도록 한다. 또한 상실과
관련된 의식 작업을 통해 상실을 받아들이게 된다. 이때 상실 대상에 대한 기억이
나 감정에 대해 구체적으로 표현하도록 안내한다. 이 단계에서 내담자는 미술 작
업과 미술치료사와의 안전한 관계 안에서 깊은 공감을 경험하며 위로를 경험한
다. 더불어 상실 대상에 대한 자기 감정을 인식하고 더 나아가 자기 탐색을 통해
상실 후 남겨진 가족 구성원 안에서 자신을 마주하며 자기 탐색을 통해 긍정적 자
아상을 재인식하는 단계이다.

후기 단계에서는 상실에 대한 깊은 수용과 현실에서의 적응이 나타나게 되는
데, 이 과정에서 죽음에 대한 내담자의 인식이 변화하고 상실 대상과의 화해를 경

험하며 관계를 재정립하게 된다. 이 단계에서는 마음으로부터 진정한 이별(인지적, 감정적으로 놓아주기)을 하고 그와 관련된 감정과 현실을 작품을 통해 마주한다. 더불어 현실 세계에서 내담자의 지지 자원을 탐색하고, 이로써 내담자는 상실 현실에 적응하여 새로운 삶을 계획하게 되며 자아 성장을 경험하게 된다. 상실 대상이 부재한 삶의 현실을 작품을 통해 마주하며 새로운 환경 및 관계와 관련된 작업에 집중하게 된다.

5. 애도를 위한 미술치료 연구동향

1) 애도를 위한 미술치료 국내 연구동향

서구 문화에서는 누군가와 사별하면 그 대상을 추모하고 애도하는 과정이 매우 자연스럽고 필수적인 것이라고 생각하는 반면에, 과거 우리나라에서는 '애도'를 위한 어떤 과정을 거치는 것의 필요성을 별로 느끼지 않고 애도에 대한 언급조차 하기 어려운 실정이었다. 물론 현재에도 상실에 따른 애도 과정의 필요성을 알면서도 상실을 다루기 위한 애도 과정에 대한 접근이 이루어지지 않는 경우가 있다. 그럼에도 불구하고 다양한 상실 경험으로 인한 애도 과정이 상담이나 미술치료 등을 통해 이루어지고 있으며, 이러한 치료적 접근의 효과성 등에 관한 연구들이 증가하고 있다. 이와 관련하여 국내에서 현재까지 진행되고 있는 애도를 위한 미술치료 연구를 대상과 매체별로 나누어 살펴보고자 한다.

(1) 대상별 애도를 위한 미술치료 국내 연구동향

애도 관련 미술치료 연구들을 살펴보면 대부분 대상에 따른 애도 미술치료 연구가 제시되어 있어 대상별 애도 미술치료 연구동향을 살펴보고자 한다.

첫째, 먼저 아동을 대상으로 한 애도 미술치료 연구 중 모 사별을 경험한 아동을 대상으로 진행된 연구(김정현, 박성혜, 2024)와 부모 상실을 경험한 아동과 부 상담을 병행한 애도 과정 중심 미술치료 사례연구(문서현, 최윤숙, 2020)에서는 애도를 위한 미술치료를 통해 아동의 우울과 불안을 감소시키고 긍정적인 정서 상태 및 태도 변화를 보인 것으로 나타났다. 애도를 위한 미술치료 경험을 통한 내러티브 탐구 연구 또한 진행되었는데, 부와 사별한 아동 경험의 내러티브 탐구 연구(민주홍, 장석환, 2023), 암환자 누나를 둔 아동의 미술치료 경험에 관한 내러티브 탐구(신민주, 최선남, 2020)에서는 아동의 애도와 상실감에 대한 깊이 있는 이해와 자신의 외상과 감정을 상징으로 표현함으로써 점차 안정된 모습과 미술치료사와의 새로운 관계를 통해 치유되는 경험을 제공하였다.

청소년 대상 애도 미술치료 연구에서도 부모나 자신들을 돌봐 주었던 조부모 상실과 관련된 연구들이 주로 이루어졌다. 상실을 경험한 우울 청소년의 발달적 애도를 위한 미술심리치료 사례연구에서는 이를 통해 내담자의 우울이 감소하였으며, 대인관계에 긍정적인 변화가 있었다(길은영, 2022). 또한 부와 사별을 경험한 고등학생의 경우 미술치료를 통해 상실 대상에 대한 기억과 감정을 안전하게 표현할 수 있었으며 정서적 재인식과 현실 수용이 가능할 수 있었다(임선희, 길은영, 2024). 이외에도 조부를 상실한 대학생들을 대상으로 한 연구(김민조 외, 2024)에서는 미술치료 경험을 통해 연구 참여자들의 현재의 자신을 확인할 수 있는 기회를 제공할 수 있었다.

아동ㆍ청소년 대상 연구와 더불어 성인 대상 애도 미술치료 연구들을 살펴보면, 모 사별을 경험한 성인 남성 대상 미술치료 연구(오연주, 2008), 가족을 사별한 성인들을 대상으로 진행한 애도 미술치료 연구(김민정, 임나영, 2022; 장성금, 2010; 장성금, 유영권, 2012), 배우자 사별을 경험한 중년 여성의 미술치료 경험 연구(장희은 외, 2016), 반려동물을 상실한 성인의 애도 미술치료 연구(김민지 외, 2020; 김수연, 2020; 박소명, 전순영, 2020; 이선윤, 김갑숙, 2022; 정효윤, 김유정, 2021), 성인기에 아버지를 상실한 성인 여성 5명을 대상으로 한 연구(김현진, 장연집, 2013), 가족 사별을 경험한 중년 여성 대상 집단 통합예술치료 효과성 연구(설정희 외, 2016), 신체적 상실(유방암으로 인한 유방절제술)을 경험한 여성을 대상으로 한 질적 사례연구(안미나, 박소정, 2020)와 집단 애도 미술치료 연구(박수정, 고희경, 2012) 등이 있다. 성인 대상으로 한 연구에서는 대부분 배우자나 반려동물, 신체와 관련한 상실을 경험한 사람들을 대상으로 이루어졌으며, 주로 질적 사례연구와 개인뿐만 아니라 집단 미술치료 형태로 이루어진 경우가 많았다. 가족을 사별한 성인 대상 연구에서는 애도를 위한 미술치료를 통해 상실 대상과 자신을 분리하고 내면을 탐색하고 인식하여 긍정적인 성장을 이루었고(김민정, 임나영, 2022), 미술을 통한 이미지 작업을 통해 미해결된 감정을 표현하고 사별 후의 혼란스러운 상황을 재인식하여 내적 통합을 이루었다(김현진, 장연집, 2013)는 연구 결과를 제시하고 있다.

반면, 노인을 대상으로 한 연구에서는 우울 감소 효과가 있었던 배우자 사별을 경험한 독거 노인 대상 애도 미술치료 단일 사례연구(김소희, 곽진영, 2022)와 집단 미술치료 연구(박선우, 김미옥, 2019; 박선우, 유나현, 2021) 등이 있는데 한평생을 살아온 배우자 사별을 경험한 사람들이었으며, 이로 인해 우울이나 삶의 의미를 갖지 못하고 심리적 어려움을 가진 것으로 나타났다. 이들에게 애도 관련 개인 또는 집단 미술치료를 제공함으로써 우울을 감소시키고 삶의 의미를 찾을 수 있도록 도움을 준 연구들이 주로 이루어졌다. 한편 상실을 경험한 개인이나 그들을 대상으로 한 집단 미술치료 개입이 이루어졌지만, 상실을 경험한 가족들을 대상으로 한 가족미술치료가 적용된 연구들(박은혜, 김승환, 2019; 윤혜경, 김갑숙, 2021)도 있어 과거보다는 가족이 한 체계로서 애도 치유 과정을 함께 경험하고 그에 대한 연구들도 이루어지고 있다.

이외에도 미술치료사 자신이 연구 참여자가 되어 이루어진 연구들도 있는데, 이에 대해 살펴보면, 모를 상실한 연구자 당사자의 애도 경험을 담은 애도 반응 작품연구(김지은, 2020)나 자기 성찰 과정에 관한 내러티브 탐구 연구(정주연, 금창민, 2024), 할머니 상실을 경험한 연구자 자신의 애도 작업으로서의 미술치료에 관한 자전적 내러티브 탐구(한미미, 전순영, 2022), 애도 집단 미술치료 사례에 대한 미술치료사의 반응작업 경험에 관한 내러티브 탐구(박선우, 유나현, 2020) 등이 있다. 이를 통해 애도하는 미술치료사의 특별한 경험을 심층적으로 이해할 수 있고 자기 성찰의 기회를 통해 전문적 성장에 도움을 준 연구들도 활발하게 이루어지고 있다.

대상별 애도 관련 미술치료 연구는 상실을 경험한 사람들에게 애도 미술치료를 통해 그들에게 주로 나타났던 우울이나 불안, 충격, 스트레스 등을 완화시키거나 상실감으로 인한 자아존중감, 자아통합감 등을 증가시키고 가족미술치료를 통해 의사소통을 증가시키거나 기능성을 회복하는 연구 결과를 제시하고 있다.

(2) 매체별 애도를 위한 미술치료 국내 연구동향

애도를 다루는 미술치료에서는 다양한 미술치료 기법이나 방법이 사용되기도 하고, 특정한 하나의 매체를 선정하여 그 매체를 중심으로 미술치료가 이루어지기도 한다. 이와 관련하여 몇 가지 매체 중심 애도 미술치료 연구들을 소개하면 다음과 같다.

먼저, 만다라 관련 미술치료가 이루어진 연구들이 있는데, 만다라 미술치료는 단순한 창작 활동을 넘어서 개인의 내면을 탐색하고 치유하는 깊이 있는 과정이라고 볼 수 있다. 이를 통해 자기 자신과의 대화도 가능해지며 그 과정에서 자신의 감정이나 생각, 내면의 평화를 탐구할 수 있는 기회를 제공한다. 만다라의 원의 상징성을 통해 내면의 통합과 개인이 외부 세계로부터 자신을 보호하고 내면 세계를 정화하는 공간을 만들어 자기 성찰이 가능하게 만든다. 따라서 만다라 기법을 활용한 미술치료는 상실을 경험한 사람들에게 의미가 있다고 볼 수 있다. 만다라 미술치료 관련 연구들(김민정, 임나영, 2022; 오연주, 2008; 장희은 외, 2016)에서는 만다라 미술치료를 통해 애도를 인지하여 상실 대상과 자신을 분리하고 내면을 탐색하거나 인식하여 긍정적인 성장을 이루었다는 연구 결과뿐만 아니라 상실의 고통, 감정적 해소, 집중과 몰입, 사별의 수용, 새로운 삶의 의미를 도출할 수 있었다는 연구 결과를 보여 주었다.

다음으로, 애도 미술치료에서 점토를 사용하기도 하는데, 점토는 내담자의 감정을 환기시키는 데 중요한 역할을 하는 매체이다. 점토는 원초적이고 감각적인 성질이 강한 매체이기 때문에 내담자의 퇴행을 촉진시킨다. 점토를 손으로 만지고 주무르면서 자신의 감정과 느낌을 대상물로 구체화시키거나 경험을 재구성할 수 있으며 점토를 만지고 주무르는 것만으로도 감각을 자극하여 에너지를 불러일으킬 수 있다(박성혜 외, 2021). 모 상실 전후 미술치료사의 점토를 사용한 애도 반응 작품연구(김지은, 2020)에서는 점토를 기반으로 하여 예술적 반영을 탐구하고 어머니를 잃은 미술치료사의 애도 경험을 통해 치료적 은유를 찾아내고자 하였다. 그 결과, 점토를 사용하여 예술적 반영물을 만드는 것이 애도 과정을 처리하고 이해하는 의미 있는 방법이었다는 것을 보여 주었다.

대부분 미술치료가 이미지를 활용하여 작업이 진행되는데, 이미지는 개인의 내면에서 시각화된 내적 형태로, 구체적인 재료와 작업 과정을 통해 드러난다. 이미지 작업을 통해 자신이 경험한 것이 무엇인지를 들여다볼 수 있게 되고 그 경험의 의미와 본질이 무엇인지 이해하게 된다. 이와 관련하여 김현진과 장연집(2013)은 성인기에 아버지를 상실한 성인 여성 5명을 대상으로 글쓰기 외에 이미지 작업에 초점을 맞춰 그 체험에 대한 현상학적 연구를 진행하였다. 이를 통해 미해결된 감정을 이미지로 재현함으로써 지연된 애도 감정을 구체적이고 심층적으로 탐색할 수 있었다. 또한 아버지 사별 후의 혼란스러운 상황을 재인식하게 하여 내적 질서를 세우고 통합하는 데 유용한 매개체가 되었고 자신의 현재 삶에 대한 태도를 반추하고 자신을 재정립하면서 독립적인 삶을 조망해 볼 수 있는 경험이 되었다고 하였다.

한편, 팬데믹을 경험하면서 미술치료는 대면이 아닌 온라인 형태의 미술치료가 진행이 되기도 하였는데, 이와 관련하여 비대면 미술치료의 효과성을 알아보는 연구들이 진행되었다. 한 예로, 팬데믹 시기에 가족 사별을 경험한 대학생 2명을 대상으로 VR 기반 애도 미술치료를 진행한 연구(김민조 외, 2024)에서는 사별을 경험한 대학생에게 의미 있는 애도 경험이 제공되었고 현재의 자신을 확인하는 데 효과가 있었다는 결과를 보여 주었다.

대상자를 중심으로 직접 개인 또는 집단 애도 미술치료를 진행한 연구들 외에 고찰 연구들도 이루어졌는데, 먼저 예술심리치료의 펫로스 증후군에 대한 선행연구 고찰과 적용방안 연구(박상근, 최명선, 2023)에서는 펫로스 증후군의 성공적인 애도를 돕는 심리치료적 접근으로는 예술치료적 접근이 가장 많았고 연구 방법으로는 질적 연구가 다수를 차지했다고 보고하였다. 여기서 눈에 띄는 것은 예술치료적 접근 이외에 온라인상에 구축하는 반려동물 추모 공간이나 애도를 돕는 VR 시스템 활용 등 현대적인 매체를 활용하려는 시도의 연구들도 이루어지고 있음을 보여 주고 있다. 또한 트라우마를 다루기 위해 미술치료 접근 방법을 어떻게 하면 좋은지 가이드라인과 미술치료 기법을 제시한 연구(오선미, 2008)도 있었으며, 이주희와 원희랑(2018)의 연구에서는 바니타스 미술[1]에 대해 설명하였고 바니타스 미술이 애도 미술치료에서 주는 의미를 분석심리학적으로 고찰하였다. 이 연구에서는 바니타스 미술의 구성 요소 중 삶과 죽음의 대비를 가장 극명하게 보여 주는 '꽃'과 '해골'이 그려진 미술 작품들을 통해 그 의미를 분석심리학적으로 살펴보았다. 또한 애도 과정에 대한 의미를 분석심리학적 관점으로 고찰함으로써 삶과 죽음의 이미지, 그리고 고통 속에서 의미를 발견하는 개성화 과정에 대한 이론적 배경을 제공하였다. 한편 질적메타합성(qualitative meta-synthesis)을 활용하여 사별자의 애도 미술치료 경험의 의미를 수집하고 탐색한 연구(전현정 외, 2021)에서는 '현재의 자아 인식하기' '몰입과 공감을 통한 치유의 과정으로 들어서기' '직면을 통한 깊은 자아 인식의 기회 갖기' '사별 상황에 대한 수용을 통한 삶의 적응하기' '새로운 삶에 대한 정체성 형성하기'라는 의미를 도출하여 사별 극복을 위한 애도 미술치료 경험에 대한 심층적 이해를 가능하게 하였다.

　이처럼 애도 관련 미술치료 국내 연구는 대부분 대상과 매체에 따른 연구가 이루어졌으며, 이 범주에 포함되지 않지만 다양한 형태의 애도 미술치료 연구 또한 진행되고 있다.

2) 애도를 위한 미술치료 국외 연구동향

　애도를 위한 미술치료는 지금껏 임상 현장에서 활동하는 미술치료사들에게 꾸준히 관심을 받아 왔고, 미술치료사의 10대 전문 분야로 선정(AATA, 2007)되기도

---

[1] 바니타스 미술은 17세기경 네덜란드를 중심으로 성행한 회화 장르로서 삶과 죽음의 사유를 포함하는 이미지로 알려져 있으며, 바니타스 미술의 주요 구성 요소들은 꽃, 거울, 시계, 책, 촛불, 해골 등이다 (이주희, 원희랑, 2018).

할 만큼 국내뿐만 아니라 국외에서도 그 필요성과 중요도가 논의되어 왔다. 이미 오래전부터 내담자의 상실을 다루는 데 있어서 미술치료의 임상 및 이론적 시사점은 제기되어 왔으며(Lister et al., 2008; Malchiodi, 1978), 미술이 상실과 관련된 문제를 다루기 위한 가교 역할을 한다는 것이 입증되기도 하였다(Orkibi et al., 2023). 애도를 위한 미술치료는 내담자가 상실 대상의 죽음을 현실로 받아들이면서 상실 대상의 삶의 서사를 전달하는 것이다. 이는 상실한 대상과의 적응적이고 지속적인 유대감을 표현할 수 있거나 미술치료에서 다양한 매체를 활용하여 미술 활동으로써 이와 관련된 부분을 더 깊이 다룰 수 있다는 것이다. Beaumont(2015)는 내담자가 경험하는 상실에 대한 슬픔 반응이 개인에 따라 다를 수 있고, 사별을 경험한 유족 중 일부는 극심한 고통을 겪는다고 언급하면서 사별로 인한 고통을 감소시키고 애도 과정을 촉진하기 위한 미술치료의 중요성을 강조하였다. 최근 국외에서도 애도를 위한 미술치료가 꾸준히 진행되어 오고 있다. 이와 관련하여 국외에서 현재까지 진행되고 있는 애도를 위한 미술치료 연구를 연구 대상과 매체 및 기법별로 나누어 살펴보고자 한다.

(1) 대상별 애도를 위한 미술치료 국외 연구동향

지금까지 국외 연구에서도 다양한 대상을 중심으로 애도를 위한 미술치료가 진행되고 있다. Green 등(2021)은 중요한 대상의 상실을 경험한 13명의 아동을 대상으로 애도를 위한 미술치료를 진행하였고, 미술치료가 이들이 경험하는 상실 감정의 탐색과 표현을 촉진하기 때문에 치료적이라는 것을 언급하였다. 다른 연구에서도 사별을 경험한 아동을 대상으로 집단 미술치료를 진행한 결과, 예술의 창의적이고 표현적인 측면이 사별 슬픔을 경험한 아동의 기분을 개선하는 데 긍정적이었다는 것을 밝혀냈다(Hill & Lineweaver, 2016).

한편 취약한 청소년 집단의 사회적 고립을 줄이고 상실 슬픔을 표현하기 위한 집단 미술치료를 진행한 후 집단 토론을 진행한 결과, 이들이 집단 미술치료를 통해 자신을 보다 안전하게 표현할 수 있었고 상실로 인한 외로움과 심리적 안녕감 및 소속감을 높이는 데 도움이 되었다고 보았다(Law et al., 2021). 또한 창의적인 또래 집단 미술치료는 상실 슬픔을 경험하는 청소년의 고립감을 줄이고, 타인의 도움을 받거나, 슬픔에 대처하고, 인정하며, 건강하게 다루는 방법을 모색하고, 사랑하는 사람들과의 관계를 유지하며 슬픔을 표현할 수 있는 안전한 공간을 제공하였다(Nazeri et al., 2020). 이와 같은 연구 결과는 비언어적 의사소통 매체인 미술이 언어 및 표현 능력이 미숙한 아동 및 청소년의 혼란스러운 감정을 작업을 통해 안전하게 다룰 수 있게 하는 기능을 한다고 볼 수 있다. 더욱이 애도를 위한 미술치료는 발달 과정에 있는 청소년이 경험하는 상실로 인한 강렬한 감정을 다루기에 매우 적합한 치료적 개입이라고 할 수 있다.

이와 더불어, 중요한 대상을 상실한 유가족을 대상으로 애도를 위한 미술치료가 국외에서도 활발하게 진행되고 있다. 유가족을 위한 사별 지원 프로그램에서 상실 대상을 기리는 작품 활동을 진행한 결과, 상실 대상에 대한 추억을 깊이 회상하고 경험하는 작업 과정에서 미술의 치유적인 기능이 입증되었다. 즉, 사별 슬픔을 경험한 연구 대상자들은 미술 작품을 통해 상실 대상을 기억하고 회상하며 슬픔을 치유하는 경험을 하였다(Azad et al., 2020). 또한 중요한 대상의 상실을 경험한 여성 수감자를 대상으로 8주간 미술치료를 진행한 후 사전 사후 인터뷰를 진행하였는데 미술치료가 이들의 상실 경험을 다루는 데 긍정적인 영향을 미쳤다는 것이 보고되었다(Ferszt et al., 2004).

McGuinness와 Finucane(2011)은 호스피스 시설에서 사별 지원 집단을 위한 창의적 미술 활동과 심리 교육을 결합한 지원을 통해 보다 혁신적인 사별 지원 프로그램을 구성하고자 하였다. 또한 그의 후속 연구로 사별 슬픔을 극복하는 데 있어 미술, 드라마, 음악과 같은 창조적 예술 활동에 대한 중요성을 언급하며 창의적 예술 활동을 활용하는 것이 상실에서 회복으로 이어지는 데 도움이 된다는 것을 밝혔다(McGuinness et al., 2015). 한편, Park과 Cha(2023)는 가족 사별을 경험한 성인을 위한 애도를 위한 비대면 집단 미술치료를 진행한 결과, 비대면 미술치료가 사별을 경험한 이들의 우울감과 슬픔을 감소시키면서 삶의 질을 향상시켰다. 즉 애도를 위한 비대면 미술치료가 사별을 다루는 데 도움이 되는 치료적 접근이라고 보았다.

애도를 위한 미술치료는 사산, 불임이나 유산과 같이 상실을 경험한 여성들을 대상으로 연구가 진행되기도 했는데, 이들의 완성된 작품을 전시하며 전시 전, 전시 중, 전시 후의 심리적 변화 과정을 분석한 결과, 전시 전 상실로 인해 고립감을 경험했던 대상자들이 전시 과정 중에 인정 및 이해받은 경험을 하였고 전시 후에는 상실에 대한 의미를 부여하며 건설적이고 치료적인 경험을 한 것으로 나타났다(Andrus, 2020).

최근 Arnold(2023)는 사별을 경험한 8명의 전문 예술가를 대상으로 현상학적 연구를 진행하여 이들이 사랑하는 사람의 죽음으로 인한 개인적인 상실 경험을 어떻게 헤쳐 나가는지 탐구하면서 미술 과정과 상실의 슬픔의 연관성을 보고하였다. 그의 연구에서는 사별 슬픔을 다룰 때 작품 제작을 활용하는 것이 개인의 상실 경험의 명확성을 드러내고 그 의미를 찾을 수 있도록 한다고 보았다.

또한 치료 중인 가족이 사망한 후 남겨진 유가족에 대한 미술치료 지원 프로그램의 효과성을 검증한 연구를 살펴보면, 중환자실에서 사망한 환자의 가족을 위한 사별 지원 프로그램에서 상실 대상을 기리는 작품 활동이 가족 구성원의 애도 과정을 촉진한 것으로 나타났다(Azad et al., 2020). 한편 Yang 등(2023)은 소아 환아를 잃은 가족 구성원들을 대상으로 Bowlby의 4단계 애도이론에 따라 유가족에 대한 미술치료의 치료적 효과를 알아보기 위해 미술 작품과 이야기를 분석하였다. 미술치료는 이들로 하여금 일상생활에서 더 긍정적인 대화를 하도록 하였고, 이는 애도의 재구성과 회복의 마지막 단계를 보여 주는 것으로 상실의 의미를 재정의할 수 있는 기회가 되었다고 보았다. 즉, 애도를 위한 미술치료가 유족의 심리적 어려움을 완화시키고, 건강한 의사소통을 가능하게 하며, 사회 구성원으로서의 기능적인 측면을 도울 수 있다는 것을 의미한다.

한편 이미 미술치료에 대한 이론과 실제의 경험이 풍부한 미술치료사를 대상으로 한 연구도 진행되었다. 중요한 대상의 상실을 경험한 미술치료사를 대상으로 애도를 위한 미술치료를 진행한 결과, 이들은 자신의 사별 슬픔을 다루기 위해 미술 자료를 활용함으로써 자기 인식과 개인적 이해를 발전시킬 수 있었다. 미술은 정서적 회복의 촉매제로 기능하였으며, 자신의 창의적인 자아를 경험할 수 있도록 하였다(Arnold, 2020). 또한 미술치료사인 Metzl과 Shamai(2021)는 개인적인 미술 과정, 의도적인 대화 및 임상 작업의 적용을 통해 사랑하는 사람의 죽음에 대한 개인적인 경험을 탐구하면서, 깊은 상실 이후 상실 대상과 통합하고 연결되는 미술의 의미를 조명하였다.

(2) 미술 매체 및 기법별 애도를 위한 미술치료 국외 연구동향

미술 작업에서 매체는 우리의 감각을 활성화시킬 뿐만 아니라, 애도 과정에서 필수적으로 다루어야 하는 언어적으로 표현하기 힘든 강렬한 감정을 안전히 표현하는 통로가 되며 표현을 촉진하는 역할을 한다. 우리가 상실을 경험했을 때, 남겨진 가족 구성원이나 지인들이 사진과 기념품으로 추억을 소중히 간직하는 것처럼, 미술치료에서 매체를 활용한 표현은 상실을 치유하고, 인생의 사건을 기념하거나 추모하며 이를 보존할 수 있는 실질적인 수단이 된다. 국외에서 진행된 미술 매체 및 기법과 관련된 연구를 살펴보면, Bat-Or와 Garti(2019)는 사별을 경험한 내담자를 위한 미술치료에서 미술 매체의 역할에 대한 연구를 진행하였다. 그 결과, 미술은 크게 내담자의 애도 작업을 위한 공간, 미술치료사의 경험과 치료적 관계에 영향을 미치는 의사소통의 통로 및 내담자와 치료사가 새로운 내러티브를 창조하는 공유의 공간으로 기능하는 것을 입증하면서 사별을 경험한 내담자를 위한 미술치료에서 치유적인 과정의 임상적 의의를 밝혔다. 또한 사별 유가족을 대상으로 한 미술치료에서 매체는 미술치료사들에게 내담자의 슬픔을 다루는 작업을 위한 공간, 치료적 관계에서 의사소통의 채널 및 내담자와 치료사가 새로운 내러티브를 만들어 내는 공간으로 기능하는 것으로 인식되었다(Bat-Or & Garti, 2019).

앞서 살펴보았듯이, 오래전부터 우리가 중요한 대상(부모 또는 형제, 자매)을 상실한 후 경험하는 사별 슬픔에는 그림과 같은 다양한 창의적 개입이 도움이 된다고 알려져 왔다(Edgar-Bailey & Kress, 2010). 이들은 자신의 연구에서 외상 슬픔을 해결하는 데 있어 창조적 예술을 활용하는 것에 대해 언급하며 그리기, 페인팅, 가면 만들기, 책 만들기, 메모리박스 만들기, 콜라주 같은 매체와 기법 활용이 도움이 된다고 보았다. Feen-Calligan 등(2009)은 미술치료 장면에서 인형 만들기가 지금까지 어떻게 활용되어 왔고, 치료 기법으로써 어떻게 적용되었는지를 다루며 애도 과정에서 인형 만들기의 중요성과 이점을 언급하였다. 사람의 모습을 닮은 인형은 미술치료에서 내담자의 상호작용을 촉진하는데, 이러한 상호작용은 관계적인 측면에서 치료적 기회가 된다. 또한 인형 제작은 내담자에게 자신을 재창조할 수 있는 기회가 되고 자기 이해를 도우며 심층적인 개인적 성찰 과정을 촉진하기도 한다.

한편 Nelson 등(2022)은 사랑하는 사람을 상실한 개인을 위한 폐쇄형 집단 예술 및 내러티브 치료 프로그램을 진행한 결과, 이 치료적 접근이 슬픔이나 사별 과정을 겪는 개인의 상실로 인한 슬픔을 감소시키는 도구로써 치료적인 잠재력을 가지고 있음을 언급하며 애도를 위한 미술치료의 효과성을 강조하였다. 이 과정에서 만다라, 스크랩북, 주제별 콜라주 제작은 유족과 함께 가장 빈번하게 구현되는 기법들로 알려져 왔다(Shear et al., 2005).

같은 맥락으로 사별을 경험한 가족들을 위한 집단 치료에서 스크랩북 기법이 지니는 치료적 가치를 연구한 결과, 집단원들이 미술 창작 과정과 스크랩북을 활용하여 정서적 고통을 함께 공유하며 지지받음은 물론 상실 대상과 보낸 삶을 의미 있게 정리하면서 상실을 받아들였다고 보았다(Kohut, 2011). 또한 자살한 군인의 유가족을 대상으로 콜라주 작업, 메모리 북과 메모리 스틱, 인형 만들기를 활용한 애도를 위한 스튜디오 미술을 진행하여 질적 분석을 한 결과, 애도를 위한 집단 미술치료 개입이 집단원들의 사별을 다루는 것과 더불어 이를 서로 공유하고 협력하는 것, 더 나아가 이들의 이완을 촉진하는 것에 매우 효과적이었음을 밝혔다(Strouse et al., 2021). 특히 메모리박스 작업은 상실 대상을 기리고 결속을 다지는 데 도움이 되며, 과거와 현재 및 미래를 다루는 작업은 사별과 관련된 의미 있는 탐색을 돕는다(Neimeyer, 2019)고 볼 수 있다.

Weiskittle과 Gramling(2018)은 사별의 슬픔을 다루는 데 있어 시각적인 미술 양식을 활용하는 것이 상실 대상과의 지속적인 유대 및 의미 형성에 긍정적인 영향을 미치고 슬픔 증상을 완화하는 데 치료적이라고 보았다. 유가족들을 위한 시각 예술의 효과성을 기존 문헌 27편을 토대로 분석한 결과, 상실 대상의 감정을 다루는 사진, 추상적인 그림 그리기, 메모리박스 만들기, 슬픔의 진행 과정에 따른 은유적 다리 그리기, 가족 초상화, 슬픔의 감정 그리기, 스크랩북 만들기, 세라믹 만다라 타일, 기념 퀼트 제작, 중국 붓을 활용한 미술치료 등과 같이 다양한 매체와 기법을 활용한 연구들이 진행된 것을 보고하였다.

이처럼 국내뿐만 국외에서도 애도를 위한 미술치료가 갖는 치료적 가치와 장점이 강조되면서, 상실과 관련된 감정 및 이후의 삶의 적응을 돕기 위한 애도를 위한 미술치료가 다양한 대상별 그리고 매체와 기법에 초점을 두어 이루어지고 있다는 것을 알 수 있다. 미술은 우리가 마주하기 힘든 상실로 인한 슬픔이나 절망의 감정을 외면하지 않고 소중히 다룰 수 있는 기회를 제공하며, 애도 과정에서 드러나는 강렬하고도 복합적인 감정을 다루고 구체화하는 데 안전하고 편안한 도구가 되기 때문에 앞으로도 애도와 관련된 연구가 활발히 진행되기를 기대한다.

참고문헌

국립국어원(2021). 새말모임에서 만든 대체어 목록. 국립국어원 홈페이지 자료.

권석만(2019). 삶을 위한 죽음의 심리학. 학지사.

길은영(2022). 상실을 경험한 우울 청소년의 발달적 애도를 위한 미술심리치료 사례연구. 미술심리치료연구, 1(2), 19-44.

김민정, 임나영(2022). 가족 사별자의 애도를 위한 만다라 미술치료의 내담자 경험에 대한 개념도 연구. 예술치료연구, 22(1), 1-20.

김민조, 김지은, 박종현, 이연우, 조윤희(2024). 코로나19 팬데믹 시기 가족 사별을 경험한 대학생의 VR기반 애도 미술치료 사례연구. 학습자중심교과교육연구, 24(3), 755-772.

김민지, 전유경, 한유진(2020). 반려동물을 상실한 성인의 애도와 외상 후 성장을 위한 집단표현예술심리치료 사례연구. 한국예술치료학회, 20(1), 227-246.

김소희, 곽진영(2022). 배우자 사별을 경험한 남성 독거노인의 우울감 감소를 위한 애도 과정 중심의 미술치료 사례연구. 미술심리치료연구, 1(2), 63-86.

김수연(2020). 반려동물을 상실한 여성의 애도 미술치료 사례: 내러티브 탐구. 미술치료연구, 27(3), 475-492.

김정현, 박성혜(2024). 모 사별을 경험한 아동의 상실감 극복을 위한 애도미술치료 사례연구. 미술심리치료연구, 3(2), 23-41.

김지은(2020). 모 상실 전후 미술치료사의 점토를 사용한 애도반응 작품연구. 한국과학예술융합학회, 38(2), 93-107.

김현진, 장연집(2013). 성인기에 아버지와 사별한 미혼 딸의 이미지 작업 체험연구. 한국심리치료학회지, 5(2), 69-90.

문서현, 최윤숙(2020). 모(母)사별 아동의 우울과 불안감소를 위해 부(父)상담을 병행한 애도과정중심의 미술치료 사례연구. 미술치료연구, 27(4), 725-745.

민주홍, 장석환(2023). 부(父)와 사별한 아동의 애도 미술치료 경험에 관한 내러티브 탐구. 예술치료연구, 19(2), 127-152.

박상근, 최명선(2023). 예술심리치료의 펫로스 증후군에 대한 선행연구 고찰과 적용방안 연구. 예술교육연구, 21(1), 65-84.

박선우, 김미옥(2019). 애도를 위한 집단미술치료가 배우자 사별 노인의 애도, 우울 및 자아통합감에 미치는 효과. 미술치료연구, 26(4), 729-749.

박선우, 유나현(2020). 애도사례에 대한 미술치료사의 반응작업 경험에 관한 내러티브 탐구. 미술치료연구, 27(4), 789-812.

박선우, 유나현(2021). 배우자 사별 독거 노인의 애도 집단미술치료 경험에 대한 질적 사례연구. 미술치료연구, 28(6), 1497-1518.

박성혜, 길은영, 곽진영(2021). 미술심리치료 이론과 실제. 박영스토리.

박소명, 전순영(2020). 애도 중심 집단미술치료가 반려동물 상실 경험 여성의 우울과 삶의 의미에 미치는 효과. 미술치료연구, 27(5), 971-994.

박수정, 고희경(2012). 애도 미술치료 프로그램이 유방암 절제술을 받은 여성의 충격 완화와 스트레스 감소에 미치는 효과. 미술치료연구, 19(3), 653-675.

박은혜, 김승환(2019). 가족미술치료가 사별가족의 애도와 정서안정에 미치는 영향. 미술치료연구, 26(1), 83-109.

설정희, 문정희, 천성문(2016). 통합예술치료가 가족 사별 경험 중년여성의 애도와 자아존중감에 미치는 효과. 예술심리치료연구, 12(1), 247-270.

신민주, 최선남(2020). 암환자 누나를 둔 아동의 미술치료 경험에 관한 내러티브 탐구. 정서 · 행동장애연구, 36(3), 293-319.

안미나, 박소정(2020). 신체적 상실을 경험한 여성암 환자의 애도를 위한 미술치료 질적 사례연구. 예술치료연구, 16(1), 77-110.

오선미(2008). Trauma를 위한 미술치료 접근방법. 예술치료연구, 8(2), 147-164.

오연주(2008). 모(母) 사별 성인의 만다라 그림에 나타난 애도과정의 상징 연구-우울감 소를 위한 만다라 미술치료에 관한 개인 사례. 예술치료연구, 8(1), 1-21.

육성필, 박혜옥, 김순애(2019). 애도의 이해와 개입-현장에서의 위기개입 워크북. 박영스토리.

윤득형(2020). 상실의 관점에서 보는 노년기 위기와 실천신학의 과제로서 죽음준비교육. 신학과 실천, 68, 501-526.

윤혜경, 김갑숙(2021). 자살유가족의 가족기능성 회복을 위한 가족미술치료 단일사례연구. 임상미술심리연구, 11(1), 49-83.

이미라(2007). 애도 개념개발 배우자 사별과정을 중심으로. 대한간호학회지, 37(7), 1119-1130.

이선윤, 김갑숙(2022). 반려동물을 상실한 여성의 애도미술치료 경험에 관한 내러티브 탐구. 미술치료연구, 29(5), 1391-1411.

이주희, 원희랑(2018). 바니타스 미술이 애도미술치료에서 주는 의미에서의 분석심리학적 고찰. 미술치료연구, 25(6), 831-850.

이지원(2020). 배우자 사별 여성 노인을 위한 상실 치유프로그램 효과성 검증. 한림대학교 대학원 박사학위논문.

임선희, 길은영(2024). 부모 사별을 경험한 고등학생의 애도과정에 관한 미술치료 질적사
　　　례연구-미술치료사의 반응작업을 중심으로-. 미술심리치료연구, 3(2), 43-69.

장성금(2010). 가족사별의 상실감 극복을 위한 미술치료 사례연구에서 드러난 애도단계.
　　　한국기독교상담학회지, 20, 227-264.

장성금, 유영권(2012). 애도를 위한 의례로서의 미술치료 사례연구. 미술치료연구, 19(2),
　　　381-404.

장희은, 최은영, 공마리아(2016). 배우자 사별 여성의 칠보만다라 중심 애도미술치료 경
　　　험 연구. 미술치료연구, 23(4), 1099-1122.

전현정, 박주연, 방지은, 민상지, 김태은(2021). 사별 극복을 위한 애도미술치료에 대한 질
　　　적메타합성. 미술치료연구, 28(6), 1479-1495.

정주연, 금창민(2024). 어머니의 예견된 사별 과정에서 미술치료사의 애도 경험에 대한
　　　자기성찰 내러티브 탐구. 미술치료연구, 31(1), 75-96.

정효윤, 김유정(2021). 반려동물을 상실한 성인 여성의 애도중심 미술치료 개인 사례연
　　　구. 예술치료연구, 21(1), 95-119.

조명숙(2012). 외상적 사별 경험에 따른 병적 애도 증상에서 의미 만들기와 사건 중심성
　　　의 효과. 가톨릭대학교 대학원 박사학위논문.

주리애, 김소연, 김재훈, 김지연, 김태은, 김현진, 박윤미, 오미영, 이윤희, 임정혁, 정경림
　　　(2021). 미술치료사 11인의 정신장애별 미술치료. 학지사.

최백만, 김기연, 이재풍(2019). 애도상담 이론과 실제. 해조음.

한미미, 전순영(2022). 애도작업으로서의 미술치료에 관한 자전적 내러티브 탐구. 미술치
　　　료연구, 29(5), 1369-1390.

황선희(2011). 사별에 따른 지속된 비애 증상과 심리적 부적응의 관계에서 부정적 인지의
　　　매개효과. 이화여자대학교 대학원 석사학위논문.

황정윤(2014). 성인용 애도 척도 개발 및 타당화. 경성대학교 대학원 석사학위논문.

American Art Therapy Association (2007). Newsletter, XL. American Art Therapy
　　　Association, INC.

Anderson, H., & Mitchell, K. R. (1983). All our losses, all our griefs: resources for
　　　pastoral care. Westminster John Knox Press.

Andrus, M. (2020). Exhibition and Film About Miscarriage, Infertility, and Stillbirth: Art
　　　Therapy Implications. Art Therapy, 37(4), 169-176.

Arnold, R. (2020). Navigating loss through creativity: Influences of bereavementon creativity and professional practice in art therapy. *Art Therapy: Journal of the American Art Therapy Association, 37*(1), 6-15.

Arnold, R. (2023). Grieving artists: Influences of loss and bereavement on visual art making. *The Arts in Psychotherapy, 82*, 102001.

Azad, M. A., Swinton, M., Clarke, F. J., Takaoka, A., Vanstone, M., Woods, A., Boyle, A., Hoad, N., Toledo, F., Piticaru, J., & Cook, D. J. (2020). Experiences of bereaved family members receiving commemorative paintings. *JAMA Network Open, 3*(12), e2027259. https://doi.org/10.1001/jamanetworkopen.2020.27259

Bat-Or, M., & Garti, D. (2019). Art therapist's perceptions of the role of the art medium in the treatment of bereaved clients in art therapy. *Death Studies, 43*(3), 193-203.

Beaumont, S. L. (2015). Art Therapy for Complicated Grief: A Focus on Meaning-Making Approaches. *Canadian Art Therapy Association Journal, 26*(2), 1-7.

Bolton, G. (2007). *Dying, Breavement, and the Healing Arts*. Jessica Kingsley Publisher.

Bonanno, G. A. (2013). 슬픔 뒤에 오는 것들: 상실과 트라우마 그리고 슬픔의 심리학 (*Other side of sadness: what the new science of bereavement tells us about life after loss*). (박경선 역). 초록물고기. (원저는 2009년에 출판).

Bonanno, G. A., Papa, A., Lalande, K., Westphal, M., & Coifmmn, K. (2004). The importance of being flexible: The ability to bothenhance and suppress emotional expression as a predictor of long-term adjustment. *Psychological Science, 15*(7), 482-487.

Bowlby, J. (1980). *Attachment and loss, Vol. 3, Loss: Sadness and depression*. Tavistock institute of human relations.

Cohen, B. M., Barnes, M., & Rankin, A. B. (1995). *Managing Traumatic Stress Through Art: Drawing from the Center*. Sidran Press.

Cole, A. H. (2008). *Good mourning: Getting through Your Grief*. Westminster John Knox Press.

Cook, A. S., & Dworkin, D. S. (1992). *Helping the bereaved: Therapeutic interventions for children, adolescents, and adults*. Basic Books.

Edgar-Bailey, M., & Kress, V. E. (2010). Resolving Child and Adolescent Traumatic Grief: Creative Techniques and Interventions. *Journal of Creativity in Mental Health, 5*(2), 158-176.

Fears, L. H., & Schneider, J. M. (1981). Exploring Loss and Grief Within a Wholistic Framework. *The Personnel and Guidance Journal, 59*(6), 341-345.

Feen-Calligan, H., Mcintyre, B. B., & Sands-Goldstein, M. (2009). Art Therapy Applications of Dolls in Grief Recovery, Identity, and Community Service. *Art Therapy, 26*, 167-173.

Ferszt, G. G., Hayes, P. M., DeFedele, S., & Horn, L. (2004). Art therapy with incarcerated women who have experienced the death of a loved one. *Art Therapy, 21*(4), 191-199.

Freud, S. (1957). *Mourning and melancholia. Standard Edition(vol. 14).* Hogarth.

Goldman, L. E. (2004). Counseling with Children in Contemporary Society. *Journal of Mental Health Counseling, 26*(2), 168-187.

Green, D., Karafa, K., & Wilson, S. (2021). Art Therapy With Grieving Children: Effect on Affect in the Dual-Process Model. *Art Therapy, 38*(4), 211-215.

Hagman, G. (2001). Beyond death exia: Toward a new psychoanalytic understanding and teatment of mourning. In R. Neimeyer (Ed.), *Meaning reconstruction and the experience of loss* (pp. 3-31). American Psychological Association.

Herman, J. L. (2007). 트라우마: 가정 폭력에서 정치적 테러까지 (*Trauma and Recovery*). (최현정 역). 플래닛. (원저는 1997년에 출판).

Herman, J. L. (2012). 트라우마 (*Trauma and recovery: After math of violence*). (최현정 역). 열린책들. (원저는 1997년에 출판).

Hill, K. E., & Lineweaver, T. T. (2016). Improving the Short-Term Affect of Grieving Children Through Art. *Art Therapy, 33*(2), 91-98.

Holmes, J. (2005). 존 볼비와 애착이론 (*John Bowlby and Attachment theory*). (이경숙 역). 학지사. (원저는 1993년에 출판).

Irwin, H. J. (1991). The depiction of loss: Uses of clients' drawings in bereavement counseling. *Death Studies, 15*(4), 481-498.

Kast, V. (2015). 애도: 상실과 마주하고 상실과 더불어 살아가기 (*Trauern: Phasen und Chancen des psychischen Prozesses*). (채기화 역). 궁리출판. (원저는 1982년에 출판).

Kessler, D. A. (2020). 의미수업 (*Finding Meaning*). (박여진 역). 한국경제신문. (원저는 2019년에 출판).

Kohut, M. (2011). Making art from memories: Honoring deceased loved ones through a scrapbooking bereavement group. *Art Therapy, 28*(3), 123-131. https://doi.org /10.1080/07421656.2011.599731

Kramer, E. (1971). *Art as therapy with children.* Schocken Books.

Kübler-Ross, E. & Kessler, D.(2007). 상실수업 (*On grief and grieving: Finding the meanig of life through the five stage of loss*). (김소향 역). 이레. (원저는 2005년에 출판).

Kübler-Ross, E. (2018). 죽음과 죽어감 (*On Death and Dying*). (이진 역). 청미. (원저는 1969년에 출판).

Kübler-Ross, E., & Kessler, D. (2005). *On Grief and Grieving: Finding the Meaning of Grief Through the Five Stages of Loss.* Scribner.

Law, M. A., Pastirik, P., & Shamputa, I. C. (2021). Expressive Art Therapy with Vulnerable Youth: Loss, Grief and Social Isolation. *Journal of Loss and Trauma, 27*(6), 588-591.

Lewis, C. S. (2004). *A grief observed.* Hongsoungsa.

Lister, S., Pushkar, D., & Connolly, K. (2008). Current bereavement theory: Implications for art therapy practice. *The Arts in Psychotherapy, 35*(4), 245-250.

Malchiodi, C. A. (1978). Embracing our mission. *Art Therapy, 15*(2). 82-83.

Malchiodi, C. A. (2006). 학대받은 아동을 위한 미술치료 (*Breaking the Silence: Art Therapy with Children from Violent Homes*). (이재연, 홍은주, 이지현 역). 학지사. (원저는 1997년에 출판).

Malchiodi, C. A. (2008). 미술치료 (*The Art Therapy Sourcebook*). (최재영, 김진연 역). 서울하우스. (원저는 1997년에 출판).

Malchiodi, C. A. (2011). 미술치료입문 (*Handbook of Art Therapy*). (임호찬 역). 학지사. (원저는 2006년에 출판).

Martin, T. L., & Doka, K. J. (2000). *Men don't cry⋯women do: Transcending gender stereotypes of grief.* Brunner/Mazel.

McGuinness, B., & Finucane, N. (2011) Evaluating a creative arts bereavement support intervention. *Bereavement Care, 30*(1), 37-42.

McGuinness, B., Finucane, N., & Roberts, A. (2015). A Hospice-Based Bereavement Support Group Using Creative Arts: An Exploratory Study. *Illness. Crisis & Loss, 23*(4), 323-342.

Metzl, E., & Shamai, M. G. (2021). Journal of Pre-proof carry your heart: A dialogue about coping, art, and therapy after a profound loss. *The Arts in Psychotherapy, 74*, 101801.

Naumburg, M. (1966). *Dynamically ordented art therapy: Its principles and practice*. Grune&Stratton.

Nazeri, A., Ghamarani, A., Darouei, P., & Ghasemi, G. (2020). The Effect of Expressive Arts Therapy on Emotion Regulation of Primary School Students. *Quarterly Journal of Child Mental Health, 7*(2), 132-143.

Neimeyer, R. A. (2001). The language of loss: Grief therapy as a process of meaning reconstruction. In R. A. Neimeyer (Ed.), *Meaning reconstruction & the experience of loss* (pp. 261-292). American Psychological Association. https://doi.org/10.1037/10397-014

Neimeyer, R. A. (2019). Meaning reconstruction in bereavement: Development of a research program. *Death Studies, 43*(2), 79-91.

Nelson, K., Lukawiecki, J., Waitschies, K., Jackson, E., & Zivot, C. (2022). Exploring the Impacts of an Art and Narrative Therapy Program on Participants' Grief and Bereavement Experiences. *OMEGA-Journal of Death and Dying, 90*(3), 003022282211117.

Orkibi, H., Keisari, S., Azoulay, B., & Testoni, I. (2023). Committing to arts-based palliative and bereavement care: Evaluation of students' experiences in an online course. *The Arts in Psychotherapy, 85*, 102064.

Park, S. R., & Cha, Y. J. (2023). Effects of online group art therapy on psychological distress and quality of life after family bereavement: In COVID-19 pandemic. *The Arts in Psychotherapy, 82*, 101972.

Pollock, G. H. (1989). *The mourning-liberation process, Vol. 1*. International Universities Press.

Pomeroy, E. C., & Garcia, R. B. (2019). 애도상담의 실제: 강점기반 애도상담을 위한 평가와 개입 워크북 (*The Grief assessment and Intervention Workbook*). (강영신, 이동훈 역). 사회평론아카데미. (원저는 2008년에 출판).

Rando, T. A. (1993). *Treatment of complicated mourning*. Research Press.

Rubin, J. A. (1984). *The Art of Art Therapy*. Brunner/Mazel.

Shear, K., Frank, E., Houck, P. R., & Reynolds, C. F. (2005). Treatment of complicated grief: a randomized controlled trial. *JAMA, 293*(21), 2601-2608.

Silverman, P., & Klass, D. (1996). "Introduction: What's the problem?" In D. Klass, P. Silverman, & S. Nichman (Eds.), *Continuing bonds: New understandings of grief*. Taylor and Francis.

Sofka, C. J. (2004). Assessing Loss Reactions among Older Adults: Strategies to Evaluate the Impact of September 11, 2001. *Journal of Mental Health Counseling, 26*(3), 260-281. https://doi.org/10.17744/mehc.26.3.gneaktlxb9l89el6

Stroebe, W., & Stroebe, M. S. (1987). *Bereavement and health: The psychological and physical consequences of partner loss*. Cambridge University Press. https://doi.org/10.1017/CBO9780511720376

Strouse, S., Hass-Cohen, N., & Bokoch, R. (2021) Benefits of an open art studio to military suicide survivors. *The Arts in Psychotherapy, 72*, 101722.

Switzer, D. K. (2011). 모든 상실에 대한 치유, 애도 (*The dynamics of grief*). (최혜란 역). 학지사. (원저는 1970년에 출판).

Thompson, E., & Neimeyer, A. (2020). 애도상담과 표현예술 (*Grief and the Expressive Arts: Practices for Creating Meaning*). (유영권, 박경은 역). 학지사. (원저는 2014년에 출판).

Weiskittle, R. E., & Gramling, S. E. (2018). The therapeutic effectiveness of using visual art modalities with the bereaved: A systematic review. *Psychology Research and Behavior Management, 11*, 9-24.

Wolfelt, A. D. (2021). 애도의 여정에 동반하기: 사별 돌봄의 핵심 11가지: 영혼의 귀로 듣고, 마음으로 이야기하는 법 (*Handbook for companioning the mourner*). (윤득형 역). KMC. (원저는 2009년에 출판).

Worden, J. W. (1991). *Children and grief: When a parent dies*. Guilford.

Worden, J. W. (1996). *Children and grief: When a parent dies*. Guilford Press.

Worden, J. W. (2002) *Grief counseling and grief therapy: A handbook for mental health practitioner* (3rd ed.). Springer.

Worden, J. W. (2009). 유족의 사별애도 상담과 치료 (*Grief counseling and grief therapy: A handbook for mental health practitioner*, 3rd ed.). (이범수 역). 해조음. (원저는 2002년에 출판).

Worden, J. W. (2016). 유족의 사별슬픔 상담과 치료 (*Grief counseling and grief therapy: A handbook for the mental health*). (이범수 역). 해조음. (원저는 2009년에 출판).

Yang, S. A., An, S. H., Kim, C. H., & Kim, M. S. (2023). An Analysis of John Bowlby's

Mourning Stages in Family Art Therapy as a Way to Help the Family Mourning Process. *Journal of Hospice and Palliative Care, 26*(2), 27–41.

Ⅱ 애도를 위한 미술치료의 실제 (단계별 활동)

사랑하는 사람을 상실한 개인은 어떠한 감정적 변화를 경험하게 될까? 애도 과정에서의 감정적 변화는 어떠한 단계를 거치게 될까? 미술치료에서 상실을 경험한 내담자는 어떠한 감정을 경험하고 있고 이를 위한 개입으로 어떠한 활동을 적용하는 것이 적합할까?

2022년 상영된 영화 〈역으로 가는 길을 알려줘〉에서 주인공 '사야카'는 사랑하는 반려견 '루'를 잃게 된다. 영화의 초반에서 사야카는 '루'가 떠난 현실을 부정하며 깊은 슬픔과 외로움에 시달리게 된다. 이후 그녀는 상실에 대한 분노를 느끼기 시작하며 자신의 슬픔을 타인에게 투사하는 모습을 보이기도 한다. 어느 날 '사야카'는 오래전 아들의 죽음을 경험했지만 애도 과정을 경험하지 못한 채 떠돌이 개 '루스'를 키우는 '우세' 할아버지를 만나 서로의 아픔을 나누며 치유하는 여정을 시작한다. 결국 '사야카'는 '루'를 잃은 후 감정을 직면하고 반려견과의 기억을 회상하고 간직하며 미래를 향한 희망을 품게 된다. 이 영화는 상실을 경험한 후 겪게 되는 정서적 변화를 보여 주며 치유의 복잡한 과정을 자세히 담아내고 있다.

이 장에서는 우리가 '사야카'와 같이 사랑하는 대상을 잃은 내담자를 만날 때, 깊은 슬픔과 현실을 부정하는 내담자의 강렬한 정서를 다루고 애도 과정을 촉진하여 현실과 미래의 적응을 돕기 위해 어떠한 활동을 적용해야 하는지에 대해 초기 · 중기 · 후기 단계별로 나누어 상세히 소개하고자 한다.

애도를 위한 미술치료에서 다양한 미술 매체와 활동을 활용한 치료적 개입은 상실과 관련된 내담자의 현실 자각을 높이고, 부정적인 감정을 표현하여 인식하게 하며 상실 대상의 부재에 적응하도록 돕고 상실의 의미에 대해 깨닫도록 한다.

Henzler와 Riedel(2006)도 그림 그리는 과정과 애도 과정에서 나오는 그림의 특징을 네 가지로 설명하였다.

첫째, 인정하지 않는 단계에서는 그림을 그리면서 상실의 상황을 다시 겪게 된다. 이 과정은 치료의 초기 단계로 볼 수 있는데, 상실의 충격이 그림 안에 재창조되어 무감각 상태로 머무르는 것을 줄인다.

둘째, 감정이 터져 나오는 단계로, 이 과정에서는 분노나 불안 및 슬픔과 관련된 부정적인 감정들을 작품 속에 담겨 지고 퇴행을 경험하면서 혼란스럽고 불안정한 내면세계를 표현한다. 이 과정 중에 후회나 죄책감도 그림에서 구체적으로 표현될 수 있고 이 단계를 지나면 상실을 극복해 나가는 이후 단계로 갈 수 있다.

셋째, 찾고 발견하고 다시 이별하는 단계이다. 이 과정에서는 내적 심상이 자기의 일부분이 된다는 것을 인식하게 되는데, 이는 회상 작업을 통해 상실 대상과 다시 이별하기를 하며 현실 세계에 적응하기 때문이다.

넷째, 새로운 자기 관계와 세계 관계의 단계인 마지막 단계에서는 자아상이 회복하는 것을 볼 수 있다. 내담자는 작품 과정 중에 안정된 모습으로 몰입하는 모습을 보인다.

이번 장에서는 Henzler와 Riedel(2006)이 설명한 애도 과정에서 나오는 그림의 특징을 고려하여 애도를 위한 미술치료에서 적용할 수 있는 활동을 초기 · 중기 · 후기 단계로 나누어 소개하고자 한다.

01 난화 그리기

(1) 목표
- 자유로운 무의식적 난화 작업을 통해 신체적 · 심리적으로 이완하고 미술치료사와의 라포 형성을 촉진한다.

(2) 준비물
- 4절 도화지 또는 전지, 다양한 채색 도구(크레파스, 파스넷) 등

(3) 작업 과정
① 난화 활동에 대해 먼저 설명하고 신체를 자유롭게 움직여 본다.
② 4절 도화지에 색을 선택하고 유아로 돌아간 기분으로 자유롭게 난화를 하도록 한다.
③ 미술치료사가 멈추라고 할 때까지 선을 움직이는데, 형태나 글씨는 그리지 않도록 한다.
④ 난화를 마치고 숨은그림찾기를 한다.
⑤ 찾은 모양이나 형태의 단어로 스토리텔링을 한다.
⑥ 활동 과정에서나 활동을 마친 후 불러일으켜진 감정에 대해 이야기를 나눈다.

(4) 미술치료사의 유의점
- 난화는 초기에 실시하는 작업으로 내담자의 긴장 이완과 라포 형성을 위해 도움이 되는 활동이다. 활동을 시작하기 전에 편안한 음악과 함께 명상을 실시한 후 진행하는 것이 좋다.
- 긴장감이 높은 내담자는 난화를 시작하기 전에 워밍업으로 실제 손과 팔을

위아래로 움직이거나 자유롭게 원을 그리도록 하여 움직임을 촉진하도록
한다.

• 내담자의 신체적 · 심리적 에너지 수준에 따라 도화지의 크기를 달리 적용한
다. 가족 구성원이나 집단을 대상으로 실시할 경우, 전지나 전지를 이어 붙
여 사용할 수 있다.

• 난화는 특정한 주제 없이 자유롭게 진행할 수 있고, '오늘 나의 기분'이나 '현
재의 감정'과 같이 주제를 정하고 적용할 수 있다.

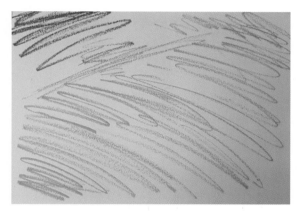

[그림 2-1] 감정 난화 〈슬픔, 무기력〉

[그림 2-2] 감정 난화 〈혼란스러움, 죽음〉

02   지금 나의 감정(습식 수채화)

(1) 목표

- 습식 수채화 작업을 통해 이완을 경험하고 자신이 느끼는 감정 표현을 촉진한다.

(2) 준비물

- 4절 도화지, 수채화 물감, 붓, 팔레트, 물통, 빽붓 등

(3) 작업 과정

① 내담자와 현재 혹은 최근의 감정에 대해 이야기를 나눈다.

② 도화지에 빽붓으로 미리 받아 둔 물을 전체적으로 충분히 바른다.

③ 현재의 느껴지는 감정에 잠시 머무르도록 한다.

④ 물을 바른 도화지에 팔레트에 짜 둔 물감 중 자신의 감정을 표현하는 색을 마음대로 칠해 본다.

⑤ 다음 도화지에 자신의 감정을 표현하는 다른 색을 자유롭게 칠해 본다.

⑥ 원하는 만큼 반복한 후 작품을 바라보고 느껴지는 감정에 대해 이야기를 나눈다.

(4) 미술치료사의 유의점

- 치료 초기에 긴장도가 높거나 이완이 필요한 내담자에게 습식 수채화를 적용하는 것이 도움이 된다.

- 채색을 위한 붓의 물통과 빽붓을 위한 물통을 구분하여 색이 섞이지 않도록 한다.

- 붓으로 채색하는 방식 외에도 물감을 떨어뜨리거나 뿌리거나 빨대를 활용해

부는 방식으로도 표현이 가능하다.

• 애도 과정에서 필요한 감정 표현의 시작이 되는 초기 활동이지만, 애도와 관련하여 내담자의 강렬한 감정에 대해 너무 깊게 다루기보다는 내담자 현재의 감정 수준에 맞춰 다루는 것이 좋다.

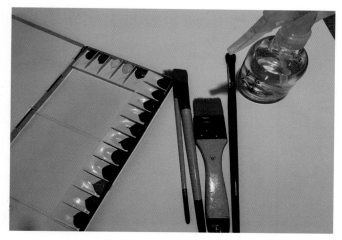

[그림 2-3] 습식 수채화 매체

[그림 2-4] 습식 수채화 〈절망과 우울〉

03 감정 파이 만들기

(1) 목표
- 상실과 관련된 내담자의 감정을 객관화하여 자신의 감정을 인식하고 상실에 대해 느껴지는 감정을 다루도록 한다.

(2) 준비물
- 원이 그려진 8절 도화지, 다양한 채색 도구(색연필, 크레파스, 파스넷) 등

(3) 작업 과정
① 최근에 느껴지는 내담자의 감정이나 기분을 탐색해 본다.
② 원이 그려진 도화지에 감정이나 기분이 느껴지는 크기만큼 감정 파이 조각을 나눈다.
③ 감정 파이 밖이나 안에 앞서 나눈 감정과 기분을 적는다.
④ 나누어진 다른 감정의 크기를 다양한 종류의 파이로 꾸민다. 이때 자신의 감정과 연결되는 색채를 골라 표현한다.
⑤ 내담자가 느끼는 크기에 따른 감정에 대해 이야기한다.
⑥ 상실 후 경험하는 감정이나 특정 감정이 올라오는 상황적 요인에 대해 나눈다.
⑦ 감정이 나에게 미치는 영향과 대처 방법에 대해 이야기를 나눈다.

(4) 미술치료사의 유의점
- 상실을 경험한 내담자가 현재 느끼는 감정에 초점을 두고 자연스럽게 감정을 탐색해 보도록 하며 상실 후 경험하는 감정이 자신에게 미치는 영향에 대해서도 다루도록 한다.

• 애도를 위한 미술치료 초기 활동에서는 상실과 관련된 내담자의 강렬한 감
정을 성급하게 끌어내지 않도록 한다.

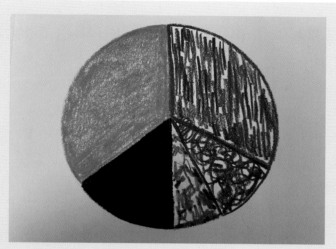

[그림 2-5] **감정 파이**

얼마 전 15년간 기르던 강아지를 떠나보낸 30대 여성 A 씨는 강아지를 떠나보낸
이후 느껴지는 감정을 무기력, 우울감, 불안, 아픔과 절망 순으로 감정의 크기로 구
별하여 표현하였다. 강아지가 떠난 집 안 구석구석을 돌아볼 때마다 느껴지는 빈자
리가 너무 크다고 하였는데, 작업 후 미술치료사와 함께 상실의 경험 후 느껴지는
감정을 인식하고 특별히 특정 감정이 느껴지는 상황적 요인에 대해 나누었다.

04 상실을 겪은 나 콜라주

(1) 목표

- 상실을 겪은 자신을 콜라주로 표현하여 자신이 느끼는 감정에 대해 이해하고 인식한다.

(2) 준비물

- 4절 도화지, 잡지, 가위, 풀, 다양한 채색 도구(색연필, 마커) 등

(3) 작업 과정

① 상실을 겪은 자신의 모습을 떠올려 본다.

② 미술치료사와 상실을 겪은 후의 일상생활이나 자신의 감정 상태에 대한 이야기를 나눈다.

③ 자신을 표현하거나 자신의 감정을 담고 있는 이미지를 고른다.

④ 콜라주로 표현하며 꾸미기 작업으로 연결시킨다.

⑤ 미술치료사와 작품을 함께 바라보며 표현된 요소들에 대해 나누고 표현된 요소가 자신의 감정과 어떻게 연결되는지 탐색한다.

⑥ 작품을 통해 상실을 경험한 자신의 감정에 대해 이해하고 미술치료사와 이에 대해 이야기를 나눈다.

(4) 미술치료사의 유의점

- 이 활동을 아동에게 실시할 경우, "○○(이)가 떠난 후, 네 마음이 어떤지, 네가 어떤 모습인지 표현해 보자."와 같이 아동이 이해하기 쉽게 설명하고 잡지는 아동의 발달 수준에 맞게 준비하도록 한다.
- 콜라주 이미지나 활용하는 잡지는 내담자의 연령(발달 수준), 성별이나 관심

사 등을 고려하여 준비한다.

• 애도 과정에서 필요한 감정 표현이 시작되는 초기 활동이지만, 애도와 관련하여 내담자의 강렬한 감정을 표현하기보다는 내담자가 자연스럽게 감정을 표현하는 수준으로 머무는 것이 좋다.

[그림 2-6] 상실 감정을 다룬 콜라주

최근 가족을 상실한 50대 여성 B 씨는 사별 경험 이후 경험하는 우울감과 무기력감을 콜라주로 표현하였다. 세상을 마주하기 싫은 마음, 슬픔에 잠식되고 있는 자신과 아무것도 하고 싶지 않아 눈을 감고 있는 자신을 나타내는 이미지를 골라 콜라주로 표현하며 작품에서 표현된 우울감과 무기력감이 가장 크게 느껴지는 때와 그때 자신이 어떻게 반응하는지 등과 같이 일상생활에서도 연결되는 부분을 미술치료사와 나누었다.

05 새둥지화

(1) 목표
- 피검자가 가족을 어떻게 인지하는지, 가족 간의 역동을 파악할 뿐만 아니라 구체적인 애착 체계를 평가하고 애착 관계성과 손상된 애착 정도를 파악한다.

(2) 준비물
- A4 용지, 지우개, 연필, 8색의 채색 도구(검정, 빨강, 노랑, 파랑, 초록, 주황, 갈색, 보라)

(3) 작업 과정
① 검사 도구를 준비하고, "새둥지를 그리세요."라고 지시한다.
② 질문에 대해서는 "자유롭게 그리세요."라고 안내한다.
③ 사후 질문(Post Drawing Inquiry: PDI)을 진행한다.

> **🕊 사후 질문(PDI)**
> – 이 그림의 계절은 언제인가요?
> – 시간은 언제인가요?
> – 만약 새를 그렸다면: 이 새는 지금 무엇을 하고 있나요?
> – 새와 알이 있다면: 새와 알의 관계는 어떻게 되나요?
> – 앞으로 새와 알은 어떻게 될 것 같나요?

(4) 미술치료사의 유의점
- 제시된 사후 질문 외에 미술치료사가 내담자의 그림에 대해 궁금한 점이 있거나 질문이 필요한 요소에 대해 질문하는 것은 내담자를 이해하는 과정에 도움이 된다.

- Francis, Kaiser와 Deavor(2003)의 시행 절차에서는 그림을 그린 후 피검자에게 2~5문장의 이야기를 적어 달라고 요청하는데, Francis, Kaiser와 Deavor(2003)의 시행 절차를 따를 시 내담자가 이야기하는 문장들을 참고하여 해석하도록 한다.
- 해석 시 Kaiser(1996)의 애착평가지표, Francis, Kaiser와 Deaver(2003)의 애착평가지표, 김갑숙과 김순환(2003)의 애착평가지표 중 하나를 참고하여 해석할 수 있다.
- 피검자가 표현한 그림을 통해, 상실 대상과의 관계 및 남겨진 가족 구성원들과의 관계를 탐색하도록 한다.

[그림 2-7] 초등학교 5학년 남아의 새둥지화

[그림 2-8] 초등학교 4학년 여아의 새둥지화

06 동그라미 중심 가족화

(1) 목표

- 피검자가 가족에 대해 갖는 감정과 생각을 이해하고 가족 관계의 특성을 이해한다.

(2) 준비물

- 원이 그려진 A4 용지, 지우개, 연필

(3) 작업 과정

① 검사 도구를 준비하고,

"원 안에 부모님과 자신을 그려주세요. 원의 주위에는 부모님과 당신과 관련하여 떠오르거나 연상되는 대로 상징물을 그려주시면 됩니다. 인물은 막대기 모양의 사람이 아닌 완전한 사람의 모습을 그려주세요."라고 지시한다.

② 질문에 대해서는 "자유롭게 그리세요."라고 안내한다.

③ 사후 질문(Post Drawing Interrogation: PDI)을 진행한다.

> **사후 질문(PDI)**
> - 이 사람은 누구인가?
> - 이 사람은 무엇을 하고 있는가?
> - 이 사람은 어떤 생각을 하고 있는가?
> - 이 사람의 기분은 어떠한가?
> - 이 상징물은 무엇인가?
> - 왜 이 상징물을 그렸는가?

(4) 미술치료사의 유의점

• 그림을 그린 후 사후질문(PDI)을 통해 내담자의 이해를 도울 수 있다. PSCD 를 진행할 때 집-나무-사람(House-Tree-Person: HTP) 그림검사와 동적가족 화(Kinetic-Family-Drawing: KFD)에서 실시하는 기본적인 PDI 지침을 활용할 수 있고 각각의 상징물에 대한 구체적인 질문을 진행하도록 한다.

• 동그라미 중심 가족화는 크게 두 가지로 분류할 수 있다. 동그라미 중심 아 버지 그림, 동그라미 중심 어머니 그림, 동그라미 중심 자신 그림으로 아버지 상, 어머니상, 자기상을 각각 하나씩 따로 그리고 원 주위에 상징물을 그리는 동그라미 중심 가족화(Family-Centered-Circle Drawing: FCCD)가 있고 부모상 과 자기상을 동시에 원 안에 그리고, 그 인물의 주위에 인물상과 관련하여 떠 오른 상징물을 그리는 동그라미 중심 부모-자녀 그림(Parents-Self-Centered Drawing: PSCD)이 있다. 동그라미 중심 부모-자녀 그림은 여러 장을 그리기 어려워하는 내담자에게 제공될 수 있고 시간 제한으로 여러 장을 그리기 어 려운 경우 한 장에 부모와 자신을 모두 그리게 하는 방식으로 활용된다.

• 해석은 FCCD와 PSCD의 일반적인 해석 지침을 따른다.

• 피검자가 표현한 그림을 통해, 상실 대상과의 관계 및 남겨진 가족 구성원들 과의 관계를 탐색할 수 있다.

[그림 2-9] **동그라미 중심 가족화 I**

[그림 2-10] **동그라미 중심 가족화 II**

07   동물 가족화

(1) 목표

• 동물 그림을 활용해 피검자가 가족 관계에서 느끼는 정서 상태를 평가한다.

(2) 준비물

• 8절 도화지, 채색 도구(크레파스, 마커, 색연필 등), 동물 그림이나 사진, 가위, 풀
  등

(3) 작업 과정

① 검사 도구를 준비하고, "자신을 포함한 가족을 동물로 그려 주세요."라고 지
  시한다.
② 질문에 대해서는 "자유롭게 그리세요."라고 안내한다.

> **🕊 사후 질문(PDI)**
> – 이 동물은 어떤 동물인가요?
> – 이 동물은 무엇을 하고 있나요?
> – 이 동물이 있는 곳의 날씨는 어떠한가요?
> – 앞으로 이 동물이 어떻게 될 것 같은가요?
> – 이 동물에게 필요한 것은 무엇인가요?
> – 이 동물의 장점(좋은 점)은 무엇인가요?
> – 이 동물의 단점(나쁜 점)은 무엇인가요?
> – 이 동물 그림에서 마음에 들지 않는 부분이 있다면 어느 부분인가요?

(4) 미술치료사의 유의점

- 피검자가 동물 그림을 그리기 어려워하는 경우에는 동물 그림이나 사진을 활용하여 표현하게 한 후, 동일하게 질문 단계를 적용한다.
- 해석은 동물 가족화의 일반적인 해석 지침을 따른다.
- 피검자가 표현한 그림을 통해, 상실 대상과의 관계 및 남겨진 가족 구성원들과의 관계를 탐색할 수 있다.

[그림 2-11] **동물 가족화 I**

[그림 2-12] **동물 가족화 II**

08   그림 동화책 1 – 감정 난화 그리기

(1) 목표

• 사별을 경험한 그림책 등장인물을 통해 죽음에 대한 인식을 다루고 내면의 상실과 관련된 감정적 반응을 표현한다.

(2) 준비물

• 사별을 경험한 인물의 애도 과정이 담긴 그림책, 4절 도화지, 다양한 채색 도구(크레파스, 파스넷, 물감 등), 붓, 물통, 팔레트 등

(3) 작업 과정

① 내담자와 상실을 다룬 그림책을 함께 본다.
② 내담자가 죽음에 대해 어떻게 이해하는지에 대해 이야기 나눈다.
③ 등장인물이 경험하고 있는 슬픔과 충격의 감정적 반응에 대해 다룬다.
④ 자신이 경험하는 감정 상태에 대해 색채로 표현한다.
⑤ 색채로 표현된 감정을 바라보며 표현된 감정이 현재 나의 현실 적응 및 기능(학업, 또래 관계 등)에 미치는 영향에 대해 나눈다.

(4) 미술치료사의 유의점

• 상실과 관련하여 내담자가 경험하고 있는 슬픔, 충격과 분노, 그리움과 외로움, 자해와 신체화 증상 등에 대해 미술치료사가 민감하게 알아차리도록 한다.
• 연령이 어린 아동의 경우, 인지적 이해 능력의 부족으로 죽음에 대한 개념 이해에 한계가 있을 수 있다. 죽음이라는 것이 그 대상과의 영원한 이별을 의미한다는 것을 인지하지 못할 수 있기 때문에 죽음을 인식하는 인지적 수

용과 내면화 과정을 경험하도록 돕는다.

• 어린 연령의 아동에게 그림책의 장면들은 죽음으로 인한 슬픔과 관련하여 이들의 이해와 정서 표현을 돕고 공감대 형성에 도움이 되기 때문에, 그림책을 활용하여 상실과 관련된 다양한 감정을 이해하고 표현하도록 한다.

[그림 2-13] **사별 관련 동화 『Missing Mummy』**
by Rebecca Cobb

[그림 2-14] 『Missing Mummy』를 보고 느껴지는
감정 〈분노, 슬픔, 짜증〉

09 셀프 박스

(1) 목표

- 상자 안과 밖을 내면과 외부로 정하고 감정과 현실을 표현하여 자기 탐색 및 자기 이해를 촉진한다.

(2) 준비물

- 다양한 크기의 종이 상자, 가위, 풀, 글루건, 다양한 꾸미기 재료 등

(3) 작업 과정

① 준비된 매체를 탐색해 보며 원하는 크기의 상자를 고른다.

② 상자의 외부는 '타인이 보는 나', 내부는 '자신이 보는 나'를 표현하도록 한다.

③ 상자 꾸미기 작업을 완성하고, 표현된 내용과 요소들에 대해 이야기를 나눈다.

④ 상실과 관련하여 자신의 감정과 현실을 어떻게 인식하는지, 외부와 어떻게 소통하고 있는지를 탐색한다.

⑤ 작품을 바라보며 상실을 경험하기 전과 후에 감정과 현실을 인식하고 소통하는 데 있어 변화된 부분이나 차이점 등에 대한 이야기를 나눈다.

(4) 미술치료사의 유의점

- 내담자의 에너지 수준에 따라 표현할 수 있는 정도가 다르기 때문에 다양한 크기의 상자를 준비하도록 한다.

- 상실과 관련하여 내담자가 자신의 감정과 현실을 어떻게 인지하고 외부와 어떻게 소통하고 있는지를 이해하는 것은 매우 중요하다. 내담자가 내부와 외부의 큰 괴리감을 느낄 수 있으므로 이에 대한 이야기를 나누는 것이 좋다.

[그림 2-15] 셀프박스 〈타인이 보는 나〉

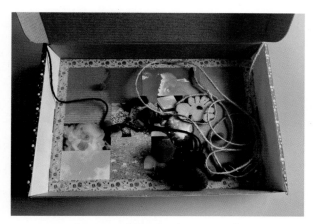

[그림 2-16] 셀프박스 〈내가 보는 나〉

10 부분 신체상 작업

(1) 목표
- 상실과 관련된 신체 증상과 감정을 탐색하고 상실로 인한 감정이 신체에 미치는 영향에 대해 이해한다.

(2) 준비물
- 4절 또는 8절 도화지, 다양한 채색 도구(크레파스, 파스넷, 마커, 색연필) 등

(3) 작업 과정
① 자신의 신체 한 부분의 윤곽선을 색연필이나 사인펜으로 그리도록 한다.
② 신체 부분의 윤곽선은 미술치료사가 대신 그려 줄 수 있다.
③ 상실 이후 경험되어 지는 불편감이나 신체 증상을 먼저 색으로 표현한다.
④ 표현된 색을 보며 옆에 글로 적는다(예: '무겁다.' '욱신거린다.' 등)
⑤ 불편한 증상을 감정 단어로 표현해 보도록 한다(예: '슬프다.' '화가 난다.' 등)
⑥ 작품을 바라보며 신체적 증상과 감정을 연결시키도록 한다[예: '○○(이)가 떠난 후 마음이 슬퍼질 때, 가슴이 답답해진다.']
⑦ 작업을 마치고 이야기를 나눈 후 느낌이나 신체 증상이 어떤지에 대해 이야기 나눈다.

(4) 미술치료사의 유의점
- 상실을 경험한 내담자에게 전신 신체화 작업을 하는 것은 내담자에게 부담감을 줄 수 있기 때문에, 초기 단계에서는 부분 신체 본뜨기를 먼저 진행하고, 이후 전신상 본뜨기 작업으로 확장시키는 것이 좋다.
- 신체 증상이 하루 중 언제 가장 많이 나타나는지 탐색하고, 상실 경험 전/후

와 비교하여 차이점에 대해 이야기를 나눈다.
• 신체 증상으로 인한 고통감이 큰 경우 대처하는 방법에 대해서도 다루도록
　한다.

[그림 2-17] **부분 신체상 〈두통〉**

　갑작스럽게 아버지를 상실한 10대 여자 청소년 C 양은 최근 편두통과 열이 오르는 증상을 경험하였다. C 양은 학교에서 돌아와 쉬는 시간이나 주로 혼자 있는 시간이 되면 머리가 욱신거리며 무거워지거나 이마가 뜨거워지는 열감을 경험하였다. 신체 증상에 대한 감정으로는 '화가 난다.' '갑자기 슬퍼진다.' 등에 대해 이야기하면서, 아버지와의 사별 경험 이후 화가 나고 슬퍼지는 감정이 신체에 미치는 영향에 대한 이야기를 미술치료사와 나누었다.

11 상실 대상이 떠난 후(주제화)

(1) 목표
- 상실 대상이 부재한 환경에 대해 표현하고 상실과 관련된 감정과 생각을 인식하며 구체화한다.

(2) 준비물
- 도화지, 다양한 채색 도구(크레파스, 파스넷, 색연필, 마커) 등

(3) 작업 과정
① 상실 대상이 떠나기 전과 떠난 후 마주하는 환경의 변화에 대해 생각해 본다.
② 상실 대상이 떠난 후 생긴 변화와 자신에게 어떤 감정과 생각이 드는지 이미지로 표현하도록 한다.
③ 표현된 이미지에 대해 함께 이야기를 나눈다.
④ 미술치료사와 작품을 함께 바라보며 상실과 관련된 감정을 탐색해 본다.
⑤ 상실 대상이 떠나기 전과 떠난 후의 환경에서 경험되어 지는 변화와 감정에서의 변화에 대한 이야기를 나눈다.

(4) 미술치료사의 유의점
- 초기 단계에 실시하는 이 활동은 상실과 관련된 주제 작업이기 때문에 내담자가 그 감정을 다루기 어려워하거나 표현하는 것이 힘들 수 있다. 표현이 힘든 경우, 콜라주 작업으로 대체할 수 있다.
- 주제화를 통해 상실과 관련된 감정을 표현하고 인식한 후, 난화로 확장시켜 특정 감정을 충분히 표현하고 미술치료사와 함께 감정에 머물며 바라보게 할 수 있다.

- 이 활동은 애도를 위한 미술치료의 초기 단계에 실시할 수 있지만, 상실과 관련된 내담자의 강렬한 감정이 표현될 수 있기 때문에 미술치료사와 어느 정도 라포가 충분히 형성되고 실시하는 것이 좋다.
- 이 활동은 다양한 점토 매체 혹은 입체 재료로도 적용 가능하다.

[그림 2-18] **엄마가 떠난 후 매일 꾸는 악몽**

　모와 사별한 초등학교 4학년 D 군은 갑작스러운 사고로 모가 떠난 후 매일 꾸는 악몽에 대해 이야기를 나누며 꿈을 그림으로 표현하였다. 매일 자신이 잠이 들 때까지 함께해 주던 모에 대한 그리움과 엄마가 떠난 후 밤마다 마주하는 죽음에 대한 공포와 두려움을 다양한 이미지로 표현하고 작품을 바라보며 이에 대해 미술치료사와 함께 이야기를 나누었다.

12   상실 대상이 사는 곳

(1) 목표
- 상실 대상이 사는 곳에 대한 이미지를 형상화함으로써 상실 대상에 대한 소망이나 생각을 구체화한다.

(2) 준비물
- 보드 판, 컬러 점토, 다양한 꾸미기 재료(인공 자연물, 나무 조각, 플라스틱 돌 등), 글루건, 마스킹 데코 테이프, 가위, 목공용 본드 등

(3) 작업 과정
① 상실 대상이 현재 있는 곳과 관련하여 이미지를 떠올려 본다. '상실 대상이 어디에서 지내고 있을지?' '그곳은 어떤 곳인지?' 등에 대해 생각해 본다.
② 상실 대상이 지내는 곳을 작품으로 표현해 본다.
③ 작품을 함께 바라보며 상실 대상에 대한 자신의 감정 및 소망과 관련된 감정을 나눈다(예: '상실 대상이 사는 곳이 ~했으면 좋겠다.' '그곳에는 ~가 있거나, 없었으면 좋겠다.' 등)
④ 작품에 추가하거나 제외하고 싶은 부분이 있다면 수정 및 보완할 수 있도록 한다.
⑤ 자신의 소망이나 기대를 언어적으로 표현한다.

(4) 미술치료사의 유의점
- 이 활동은 내담자에게 이 세상을 떠난 상실 대상이 머무르는 곳의 이미지를 형상화하여 상실 대상에 대한 소망이나 생각을 구체화하는 작업이다. 내담자가 작업으로 표현하기 어려워 할 경우, 미술치료사는 내담자가 이미지를

구체화할 수 있도록 도와줄 수 있다(예: '그곳은 어떤 색으로 이루어져 있는지?' '주변에는 누가 있을지?' '날씨나 온도는 어떠한지?' 등).

• 수정 및 보완 단계에서 상실 대상에 대해 내담자가 느끼는 감정이나 욕구를 탐색할 수 있도록 이에 대해 미술치료사와 충분히 이야기를 나누는 것이 좋다.

• 이 활동은 다른 매체를 활용한 입체 작업 외에 그리기 및 채색 작업으로도 적용 가능하다.

[그림 2-19] 남편이 사는 곳

남편을 사고로 떠나보낸 50대 여성 D 씨는 '남편이 사는 곳'을 떠올리며 다양한 매체로 남편의 집을 꾸몄다. 평소 자연과 낚시를 좋아하던 남편이 천국에서도 숲이 우거진 곳에 집을 짓고 지내기를 바라는 마음을 담아 작품을 표현하였다. 숲속에 작은 집과 연못을 만들고 그 주변을 울창한 나무로 꾸몄다. 남편이 몇 해 전 무지개다리를 건넌 반려견과 행복하게 지내는 곳을 상상하며 작업하고 미소를 지었는데, 작업 후 남편이 이곳에서 편안히 지낼 것을 생각하니 마음이 편안해졌다고 이야기하였다.

13   내가 잃어버린 것이나 할 수 없는 것

(1) 목표
- 상실 대상과 관련하여 내담자가 더 이상 할 수 없는 것(잃어버린 경험)이나 기억을 구체화하여 탐색하고 할 수 없는 것에 대해 인식하고 수용한다.

(2) 준비물
- 도화지, 다양한 채색 도구(오일 파스텔, 파스넷, 색연필) 등

(3) 작업 과정
① 상실 대상과 함께했던 시간을 떠올린다.
② 상실 대상이 떠난 후 함께하지 못하는 일상의 루틴(예: 산책, 집안일)이나, 소중한 추억(여행)에 대해 나눈다.
③ 이를 그리거나 만들기로 표현한다.
④ 작품을 완성한 후 내담자와 작품을 함께 바라보고 관련된 감정에 대해 이야기를 나눈다.
⑤ 상실 대상과 함께할 수 없게 된 것들에 대해 수용하고 인식하도록 한다.

(4) 미술치료사의 유의점
- 이 활동은 내담자가 상실 대상과 함께했던 일상의 소소한 기억을 떠올리며, 긍정적인 감정을 회상할 수 있지만 상실 대상이 떠나며 자신이 잃어버린 일상, 즉 상실과 관련된 감정이 올라올 수 있다. 만약 표현된 작품에서 상실과 분노나 슬픔의 감정이 떠오른다면 감정을 환기할 수 있는 간단한 추가적인 활동(예: 감정 난화)을 적용하여 해소하도록 한다.
- 앞의 활동과 마찬가지로 이 활동은 상실과 관련된 내담자의 강렬한 감정이

표현될 수 있기 때문에 미술치료사와 라포가 충분히 형성된 후 실시하는 것이 좋다.

• 이 활동은 점토 및 입체 재료로도 적용 가능하다.

[그림 2-20] 아버지와 함께하던 산책

오래전 아버지를 떠나보낸 40대 여성 E 씨는 아버지와 함께했던 소소한 일상을 떠올리며 더 이상 할 수 없는 '아버지와 매일 함께하던 산책 시간'을 표현하였다. 뉘엿뉘엿 해가 지는 시간에 아버지와 집 근처 공원을 함께 산책하며 나누었던 이야기가 그녀가 삶을 살아가는 힘이 되었는데, 더 이상 아버지와 함께할 수 없는 산책과 대화를 그리워하며 아버지가 부재한 현실에 대한 슬픔과 우울감에 대해 이야기를 나누었다.

14 상실 대상 그리기/만들기

(1) 목표

- 상실 대상을 떠올려 그리기나 만들기로 표현하며 상실 대상과의 관계를 탐색하고 감정과 기억을 구체화한다.

(2) 준비물

- 찰흙, 찰흙 도구, 물, 물티슈 등

(3) 작업 과정

① 상실 대상의 얼굴, 표정, 모습 등을 떠올려 본다.

② 만들기를 시작하기 전에 찰흙을 주무르며 감각을 촉진한다.

③ 상실 대상의 얼굴이나 모습을 그리거나 만들기로 표현한다. 내담자가 가져온 사진을 보며 작업할 수 있다.

④ 완성된 작품을 함께 바라보며, 작업 과정 및 작업 후 상실 대상에 대해 떠오른 기억이나 감정에 대해 이야기를 나눈다.

⑤ 상실 대상에게 하고 싶은 이야기가 있다면 무엇인지에 대해 이야기를 나눈다.

(4) 미술치료사의 유의점

- 내담자가 상실 대상의 얼굴을 표현할 때 상실 대상의 사진이나 관련된 이미지 자료를 활용할 수 있고, 사진과 콜라주 매체를 활용하는 것도 좋다.
- 상실 대상의 얼굴을 표현하는 것이 내담자의 상실과 관련된 감정(그리움, 슬픔, 분노 등)을 자극하여 감정적으로 힘들어 할 수 있으므로 미술치료사가 내담자 감정에 대한 공감적 반응을 충분히 해 주도록 한다.
- 내담자가 작품을 바라보며 떠오르는 감정이 있다면, 이를 이야기로 표현해

보도록 한다.

- 이 활동은 다양한 입체 재료나 그리기 및 채색 도구로도 적용 가능하다.

[그림 2-21] **상실 대상 만들기 매체**

[그림 2-22] **따뜻했던 어머니**

15 상실 대상과의 추억(행복했던 기억)

(1) 목표
- 상실 대상과 보냈던 시간을 회상하며 행복했던 상황이나 사건을 그림이나 만들기로 표현하며 상실 대상과의 추억을 탐색하고 인식한다.

(2) 준비물
- 캔버스, 아크릴 물감, 붓, 팔레트, 물, 붓통 등

(3) 작업 과정
① 상실 대상과 보냈던 시간 중에 행복했던 기억과 관련된 상황에 대해 나눈다.
② 특정한 기억이 떠오른다면 그때의 기억을 머릿속에 그려 본다. 그날의 기억이 내담자의 감각에 어떻게 저장되었는지 탐색한다(예: 그날의 냄새, 온도 등).
③ 그 기억에 대해 자유롭게 표현한다.
④ 미술치료사와 작품을 함께 바라보고 행복했던 장면에 대한 기억과 감정에 대해 나눈다.
⑤ 상실 대상과 함께했던 그 시간이 내담자에게 어떤 의미인지 인식하게 한다.

(4) 미술치료사의 유의점
- 이 활동은 내담자와 상실 대상과의 관계에서 행복했던 기억을 떠올리며 긍정적인 감정을 회상하게 하는 활동이다. 행복했던 시간이 내담자에게 어떤 의미이고 앞으로 어떤 자원이 되는지를 인식하게 하는 것이 좋다.
- 내담자가 행복하고 긍정적인 기억에 대한 감각 자극을 재경험할 수 있도록 다양한 매체로 감각 자극을 촉진하도록 한다.
- 이 작업은 점토나 다양한 입체 재료로도 적용 가능하다.

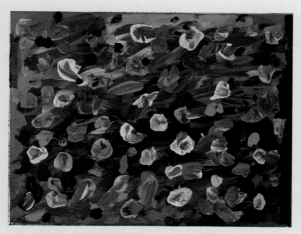

[그림 2-23] 행복했던 기억 〈봄날의 산책〉

　남편과의 사별을 경험한 성인 여성 L 씨는 남편과의 행복했던 기억을 떠올리며 가장 최근에 함께했던 봄날의 산책을 색채로 표현했다. 봄날의 싱그러움, 봄꽃의 향기, 청량감을 같이 나누며 웃었던 시간이 가장 기억에 남았다고 하였고, 마지막 산책이었기에 더 오래 기억에 남을 것 같다고 하였다. 남편이 떠났지만, 작품을 통해 남편과 함께한 시간이 주었던 행복했던 감정과 그날의 냄새, 온도까지 떠올려 보았다.

16   추억의 물건

(1) 목표

- 상실 대상과 함께했던 시간의 의미 있는 물건을 작품으로 표현하고 추억하며 상실 대상과 관련된 감정과 기억을 인식하고 다룬다.

(2) 준비물

- 4절 또는 8절 도화지, 다양한 채색 도구(오일 파스텔), 추억의 물건과 관련된 다양한 오브제 등

(3) 작업 과정

① 상실 대상과 함께했던 시간을 떠올린다.
② 상실 대상이 남기고 간 추억의 물건(예: 유품, 보석 상자, 악기 등)이 있는지 생각해 본다. 추억의 물건이 담긴 사진을 함께 보는 것도 좋다.
③ 떠오른 물건이 있다면 작품으로 표현해 본다.
④ 미술치료사와 작품을 함께 바라보고 올라오는 감정을 함께 이야기 나눈다.
⑤ 상실 대상이 남기고 간 그 물건(추억)의 의미에 대해 미술치료사와 함께 이야기 나눈다.

(4) 미술치료사의 유의점

- 이 활동은 상실 대상과 함께했던 의미 있는 물건을 만들고 추억하는 활동으로, 의미 있는 물건을 만드는 것 외에 추억의 물건이 담긴 가족사진을 따라 그리거나 가족사진을 활용한 작업을 진행하여 상실 대상과의 관계를 회상하며 관련된 감정 및 기억을 다룰 수 있다.
- 치료사는 내담자가 상실 대상과 관련하여 인식한 감정에 머물도록 하며 미

술치료사가 충분히 공감하는 시간을 갖도록 한다.

- 만약 내담자가 상실 대상과 관련한 추억의 물건을 가지고 있다면, 이를 활용하여 작품을 만들 수 있다.
- 이 활동은 다양한 매체를 활용하여 입체 작업으로도 진행 가능하다.

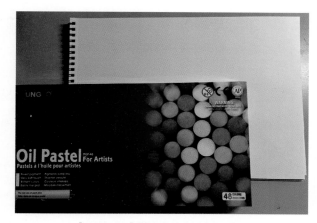

[그림 2-24] **추억의 물건 만들기 매체**

[그림 2-25] **추억의 물건 〈아버지의 구두〉**

01 책 만들기

(1) 목표

• 상실 대상을 기억하고 간직하며, 함께 보낸 시간에 대한 새로운 의미를 찾는 과정을 통해 변화된 삶에 대해 인지하도록 한다.

(2) 준비물

• 종류별 무지 종이책, 다양한 채색 도구(물감, 크레파스, 색연필, 사인펜 등), 붓, 물통, 스티커, 양면 테이프, 가위, 풀, 스팽글, 글루건 등

(3) 작업 과정

① 상실 대상을 기억하고 상실 대상과 관련된 키워드를 떠올리며 함께했던 시간에 대한 이야기를 나눈다.

② 그때의 상황, 기분 및 감정에 대해 이야기한다.

③ 하나의 주제를 정한 후(예: '○○하면 떠오르는 것.' 또는 '가족 이름 꾸미기'), 다양한 매체를 활용하여 그리고 꾸미는 작업을 한다.

④ 표지를 완성하고 제목을 붙인다.

⑤ 완성된 작품을 바라보며 상실 대상의 의미와 상실 대상에 대한 감정을 함께 나눈다.

(4) 미술치료사의 유의점

• 이 활동은 상실 대상과 함께한 사진을 활용하거나 다양한 매체를 활용할 수 있다.

• 만들기 작업은 여러 회기에 걸쳐 내담자와 주제를 정하여 작업할 수 있고, 또는 초기 · 중기 · 후기에 단계별로 1~2회기에 걸쳐 작업할 수도 있다.

- 이 활동은 내담자가 상실 대상에 대한 기억을 떠올리고 떠난 상실 대상에 대한 의미를 새롭게 발견하며 변화된 삶을 인지하도록 하는 것이 중요하기 때문에 작품을 완성하고 이와 관련된 부분을 충분히 다루는 것이 필요하다. 만약 회기 시간이 부족하면 다음 회기에 이어 작업할 수 있다.

[그림 2-26] **책 만들기**

　모와 사별한 6세 남아 C 군은 모와 사별 경험 이후 일상생활에서 불안 증상을 보여 왔다. C 군은 책 만들기 작업을 하며 가족 이름 꾸미기 활동을 통해 가족 구성원을 떠올리는 시간을 가졌다. 가족 구성원의 이름을 적어 꾸미고 스팽글로 꾸미는 과정 중에서 떠난 모를 기억하였다. 또한 모에 대한 이야기를 나누는 중에 모가 자주 입었던 티셔츠를 그려 주며 모에 대해 회상하고 그리움을 표현하였다. 완성된 작품을 보며 떠난 모가 그리울 때마다 책을 펼쳐 보며 모를 기억하고 그리움을 달래기로 하였다.

02   메모리박스 1

(1) 목표

- 상실과 관련된 기억과 그에 따른 상실감을 안전하게 보관할 수 있도록 하여 애도 작업을 촉진하며 내면의 감정적 재배치가 이루어지도록 한다.

(2) 준비물

- 다양한 크기의 상자, 사진, 잡지, 가위, 풀, 아크릴 물감, 붓, 물통, 다양한 꾸미기 재료, 다양한 오브제 등

(3) 작업 과정

① 상실 대상과 관련하여 떠오르는 이미지나 사진을 준비하고 상실 대상과 관련된 기억에 대한 이야기를 나눈다.

② 선택한 상자의 외부를 먼저 꾸민다.

③ 상자의 내면을 색칠하고 상실 대상과 관련된 사진, 물건, 이미지 등을 활용하여 꾸민다.

④ 완성된 메모리박스를 바라보며 떠오르는 감정이나 변화된 감정에 대해 나눈다. 이 과정에서 내담자가 메모리박스 안에 상실 대상과의 기억을 안전하게 보관함으로써 작업 과정에서 드러난 감정을 인식하고 이해하는 과정을 경험하도록 한다.

⑤ 상실 대상과의 기억을 추억하고 자신의 이야기를 재구성하도록 한다. 이 과정에서 내담자가 슬픔이나 상실에 대한 새로운 관점을 발견하도록 촉진한다.

(4) 미술치료사의 유의점

- 메모리박스 작업은 내담자가 상실 대상과의 기억을 안전하게 보관할 수 있

는 활동이며, 추후 내담자가 작품을 보며 상실 대상을 추억할 수 있는 작품이다. 따라서 진행 시 충분한 시간을 갖고 작업하도록 한다. 메모리박스 회기는 치료 과정에서 몇 회기에 걸쳐 완성할 수 있고, 초기·중기·후기에 특정한 주제를 제공하여 단계별로 작업할 수도 있다.

• 메모리박스 작업은 내담자로 하여금 안전하고 보호받을 수 있는 공간을 만들어 가는 작업이기도 하지만 상실과 관련한 강렬한 감정을 표현하고 다루는 작업이므로 초기 활동으로 제공하기보다는 중기 이후에 진행하는 것이 좋다.

🕊 **메모리박스 작업으로 진행할 수 있는 주제**

• 초기: 상실 대상이 좋아하던 것
• 중기: 상실 대상과 나와의 관계
• 후기: 추억하고 싶은 기억

[그림 2-27] 메모리박스 〈외부〉

[그림 2-28] 메모리박스 〈내부〉

2. 중기 단계

03   그날의 기억

(1) 목표

- 상실 대상이 떠난 당일의 기억을 떠올려서 상실과 관련된 강렬한 감정을 표현하며 상실로 인한 부정적인 감정을 인식한다.

(2) 준비물

- 8절 또는 4절 도화지, 다양한 채색 도구(색연필, 크레파스, 색연필) 등

(3) 작업 과정

① 상실 대상이 떠난 그날을 떠올려 본다.
② 상실 대상이 떠난 당일의 한 장면이나 기억을 미술치료사와 나눈다. 그날 상실 대상과 관련된 소식을 어떻게 접했는지, 함께 있었는지에 대한 이야기를 나눈다.
③ 그날의 기억에 대한 감정을 그림으로 표현한다.
④ 작품을 완성한 후 보편적인 상실로 인한 다양한 감정(분노, 무기력, 외로움, 공허함, 죄책감, 불안 등)과 내담자의 작품이 어떻게 연결되는지 탐색한다.
⑤ 내담자의 정서가 표현된 작품을 함께 바라보며 상실 대상이 떠난 그날의 기억과 감정이 현재 내담자에게 미친 영향에 대해 이야기 나눈다.

(4) 미술치료사의 유의점

- 내담자가 느끼는 상실 감정과 관련하여 분노의 감정을 안전하게 마주하도록 촉진하고 내담자가 느끼는 죄책감이 있다면 이후 작업에서 그림이나 만들기로 표현하여 감정적 화해를 돕는다. 만약 불안과 무력감이 있다면, 내담자가 경험하는 불안이 무엇인지 인식하게 하고 이후 작업에서도 불안을 표현하도

록 돕는다. 슬픔의 정서가 올라온다면 슬픔에 충분히 머무르도록 격려한다. 내담자가 상실 대상이 떠난 그날의 기억이 없거나, 함께 있지 않았을 경우, 상실 대상이 떠난 소식을 들었을 때의 자신이나 관련된 감정을 표현하게 할 수 있다.

[그림 2-29] 그날의 기억

　모와 사별을 경험한 여자 청소년 B 양은 모의 죽음에 대한 소식을 접했던 날 자신을 평생 지탱했던 큰 나무가 뿌리째 흔들리는 경험을 하였다고 하며 그 당시의 느낌을 작품으로 표현했다. 푸른 여름날이었지만 아름드리 큰 나무의 잎사귀들이 죽음의 세상으로 흩날려 가는 것처럼, 자신의 삶이 함께 흔들리는 절망감을 표현하였고 이에 대해 미술치료사와 함께 나누었다.

04 감정 상자 만들기

(1) 목표

- 내담자가 현재 경험하고 있는 사별의 감정을 구체적으로 다루고 감정에 직면하도록 하며 상실 대상에 대한 미해결된 감정을 다룬다.

(2) 준비물

- 도화지, 다양한 채색 도구(오일 파스텔, 물감 등), 상자, 다양한 꾸미기 재료 등

(3) 작업 과정

① 지난 회기 활동을 먼저 바라보는 시간을 갖고 이에 대한 감정을 나눈다.
② 이전 활동(그날의 기억)의 연장선으로 내담자가 경험하는 강렬한 감정에 대해 나눈다.
③ 내담자가 경험하는 특정한 감정을 상자의 외부와 내부에 표현하도록 한다. 이전 작품을 바라보며 자유롭게 떠오르는 감정을 표현하거나 이전 작품에서 표현된 요소를 확장하여 구체화시켜 작업하도록 한다.
④ 완성된 작품을 바라보며 표현된 감정에 충분히 머무르도록 하고 상실 대상에게 하고 싶은 이야기나 떠오르는 생각을 표현하도록 촉진한다.
⑤ 작업 후 느껴진 감정이나, 변화된 감정에 대해서 나눈다.

(4) 미술치료사의 유의점

- 내담자가 경험하는 상실과 관련된 감정은 다양할 수 있고 여러 종류의 감정을 회기 진행 과정에서 순차적으로 다룰 수 있다(예: 가장 크게 느껴지는 감정의 순서대로). 감정 표현이나, 감정에 직면하는 과정 및 감정에 머무르는 과정은 내담자의 속도에 맞추어 이루어져야 하기 때문에 미술치료사가 내담자

의 감정을 민감하게 인식할 수 있어야 한다.
• 내담자가 표현하는 감정이 작품에 안전하게 담기는 것과 더불어 미술치료사
  가 내담자의 강렬한 감정을 잘 버텨 주고 함께 머무르는 과정은 이 활동에서
  매우 핵심적인 부분이다.

[그림 2-30, 2-31] 감정 상자 〈외부, 내부〉

아내를 사별한 후 혼자 살아가는 노인 A 씨는 아내의 죽음 과정을 떠올리며 감정
상자를 통해 아내에게 미안한 마음을 표현하였다. 아내가 먼저 천국을 간 것을 축
하하는 마음도 있지만, 자신의 내면은 실제로 그렇지 못한 것 같다고 하며 고생만
하다 떠난 아내에 대한 죄책감과 의사에 대한 원망과 분노를 작품 속에 표현하며
이에 대해 미술치료사와 이야기를 나누었다.

05   그림 동화책 2 – 감정 표현하기

(1) 목표

- 사별과 관련된 그림 동화책을 보며 상실에 대한 감정을 이해하고 상실과 관련된 자신의 감정을 표현한다.

(2) 준비물

- 그림 동화책(『When someone dies』, by Andrea Dorn), 4절 도화지, 붓, 물감, 팔레트 등

(3) 작업 과정

① 사별과 관련된 그림 동화책을 준비하고, 그림책을 함께 읽는다.

② 그림책에서 표현된 상실과 관련된 감정(예: 상실을 경험하고 우리의 감정이 롤러코스터 타는 것 같이 변하는 것)을 살펴보고 상실을 경험한 후 자신의 감정이 어떤 상태인지, 어떤 부분이 제일 힘든지에 대해 이야기를 나눈다.

③ 자신의 감정 상태를 그림 동화책의 이미지처럼 머릿속에 떠올려 본다.

④ 내담자에게 이를 시각화하여 표현해 보도록 한다. 이 과정에서 떠오르는 이미지를 그리거나 그림 동화책에 표현된 부분을 변형하여 작업할 수 있다.

⑤ 작품을 완성한 후 상실 경험 이후 보편적으로 경험하게 되는 감정 상태에 대해 이야기를 나누며 공감 받는 시간을 갖는다.

(4) 미술치료사의 유의점

- 미술치료사가 애도 과정에서 보편적으로 겪게 되는 정서 상태에 대해 숙지하여 이를 내담자에게 자세히 설명해 주는 것은 도움이 된다. 이를 위해 그림 동화책에서 표현된 등장인물의 정서 상태를 예시로 제공할 수 있다.

- 그림 동화책 활동을 한 회기 활동으로 적용할 수도 있고, 시리즈 작업(내용의 흐름에 따라)이나 초기 · 중기 · 후기 활동에서 단계별로 적용할 수 있다.
- 내담자의 인지 발달 수준을 고려한 사별과 관련된 다양한 그림 동화책을 제공하는 것이 필요하다.

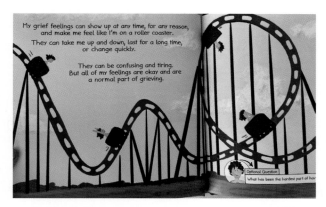

[그림 2-32] When someone dies, by Andrea Dorn 일부

[그림 2-33] 상실 후 느껴지는 주요 감정 〈분노, 슬픔, 그리고 무기력〉

06   전체 신체상 작업

(1) 목표

• 상실과 관련하여 내담자가 경험하는 분노의 감정을 신체상 작업을 통해 표현하고 분노에 대한 생각, 신체적 반응, 정서 상태 및 행동 결과를 인식한다.

(2) 준비물

• 전지 또는 4절 도화지, 다양한 채색 도구(파스넷, 크레파스, 마커 등), 다양한 꾸미기 재료 등

(3) 작업 과정

① 내담자가 최근 경험하는 신체 증상에 대해 이야기를 나눈다.

② 초기 활동에서 신체의 한 부분을 표현했다면, 중기 활동에서는 전체 신체상을 본뜨거나 그리도록 한다. 내담자가 자유롭게 취한 신체 모양을 미술치료사가 본뜨거나, 이미 그려진 신체상을 활용할 수도 있다.

③ 상실 이후 경험되어 지는 다양한 신체 증상을 신체 부위별로 구분하여 표현하고 글로 적는다(예: '머리가 지끈거린다.' '명치가 답답하다.' 등)

④ 불편한 증상을 분노와 관련된 감정 단어로 표현해 보도록 한다(예: '폭발할 것 같다.' '미친 듯이 화가 난다.' 등)

⑤ 작품을 바라보며 신체적 증상과 내담자의 분노 감정을 연결시키도록 한다.

⑥ 내담자가 경험하는 강렬한 분노의 감정이 자신의 신체에 미치는 영향과 더불어 분노에 대한 내담자의 생각, 정서 상태 및 행동 표현에 대해 함께 이야기를 나눈다.

(4) 미술치료사의 유의점

• 초기 단계에서 부분 신체상 작업을 했다면, 중기 단계에서는 이 작업을 확장

2. 중기 단계

시켜 전신 신체 본뜨기로 작업할 수 있다. 그러나 내담자에 따라 전체 신체 상 작업을 부담스러워하거나 에너지 수준이 낮을 경우, 이전에 작업했던 부분 신체 본뜨기에서 좀 더 확장된 부분 신체상 작업을 할 수도 있고 작은 신체상 모형을 활용할 수 있다.

• 분노로 인한 감정 및 행동 표현이나 신체 증상이 심각할 경우, 몇 회기에 걸쳐 작업하며 충분히 분노의 감정을 다루도록 한다.

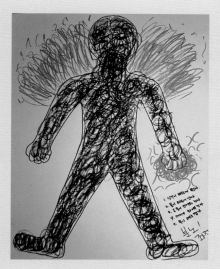

[그림 2-34] 내 안의 분노

갑작스러운 사고로 아내를 떠나보낸 50대 남성 내담자 D 씨는 자신이 사고를 당한 아내를 지켜 주지 못했다는 죄책감과 스스로에 대한 분노 및 아내의 생명을 구하지 못했던 의료진들에 대한 분노로 우울감 및 무기력감을 호소하였다. 신체 증상으로 '심장이 빠르게 뛴다, 몸이 타들어 간다, 온몸이 뜨거워진다, 머리가 하얘진다, 속이 메스껍다.' 등의 신체 증상을 자신의 내면에서 표현되지 못한 '분노와 좌절감'으로 연결시켰다.

07   잊고 싶은 기억

(1) 목표
- 상실 대상과 관련하여 잊고 싶은 기억을 떠올리고 상실 대상과의 미해결 문제와 감정을 탐색하여 표현한다.

(2) 준비물
- 4절 또는 8절 도화지, 아이클레이, 다양한 채색 도구(파스넷, 오일 파스텔 등), 털실, 가위 등

(3) 작업 과정
① 상실 대상과 내담자와의 관계에서 잊고 싶은 기억을 떠올리고 잠시 그 기억에 머무르도록 한다.
② 잊고 싶은 기억을 작품으로 표현하도록 한다.
③ 활동을 완성하고 표현된 요소에 대해 미술치료사와 나눈다. 잊고 싶은 기억이 무엇인지를 탐색하며 그와 관련하여 내담자가 해결해야 할 미해결된 감정이나 생각을 인식하도록 한다. 이 과정에서 '상실 대상이 자신을 어떻게 실망시켰는지?'와 같은 질문을 하여 자신이 경험하는 부정적인 정서를 마주하게 한다. 또는 죄책감과 관련하여 '상실 대상을 제대로 보호하지 못했다거나 내가 제대로 역할을 감당하지 못했다.'라고 한다면 '어떤 일을 할 수 있었을지'와 같은 질문을 통해 상실 대상과의 화해를 돕는다.
④ 작품에 표현된 미해결된 문제와 감정을 충분히 인식하게 하고 이에 대해 미술치료사와 이야기를 나누도록 한다.

(4) 미술치료사의 유의점

- 내담자가 다루어야 할 미해결된 감정이나 왜곡된 사고를 탐색하여 추후 회기에서 작업에서 작업하거나 역할극 등으로 연결하여 진행할 수 있다.
- 내담자에게 다루어야 할 부정적인 기억이 많다면 9분할 기법으로 진행할 수 있다.
- 이 활동에서는 상실 대상에 대한 양가감정이 표현되고 인식될 수 있다. 미술치료사는 내담자가 경험하는 양가감정을 자연스러운 감정으로 인식하고 이후 활동에서 안전하게 표현하도록 돕는다.

[그림 2-35] **잊고 싶은 기억**

남편을 사고로 떠나보낸 성인 여성 C 씨는 잊고 싶은 기억으로 가족 간의 갈등으로 인해 소외감을 느꼈을 남편을 떠올리며 그때의 남편이 느꼈을 서운한 마음에 대해 이야기하였다. 자신이 미안함을 표현하지 못해 후회되는 마음을 담아 클레이로 작품을 만들었다. 작업 후 남편에게 하고 싶은 마음을 담아 "당신이 살아 있을 때는 표현하지 못했지만, 그때 당신만 홀로 외롭게 해서 정말 미안하고 표현하지 못했지만 사랑했다."라고 이야기하였다.

08   상실 대상을 떠나보내며

(1) 목표

- 상실 대상을 시각화하여 떠나보내는 작업을 통해 상실을 받아들이며, 마음
으로 진정한 이별(인지적, 감정적으로 놓아주기)을 할 준비를 하고 이와 관련
된 감정을 마주한다.

(2) 준비물

- 상자, 색 도화지, 색종이, 아크릴 물감, 붓 및 꾸미기 재료(드라이 플라워, 색
테이프, 스티커) 등

(3) 작업 과정

① 상실 대상을 떠올리며 상실 대상과 마지막 인사를 하는 장면을 떠올린다.
② 상실 대상을 다시 떠나보내는 감정에 대해 미술치료사와 이야기를 나눈다.
③ 적합한 크기의 상자를 골라 상실 대상을 떠나보낼 수 있는 주변 공간을 꾸
미고 상실 대상의 얼굴을 그리거나 사진을 붙인다.
④ 활동을 완성하고 상실 대상을 떠나보내며 마지막으로 하고 싶은 이야기(마
지막 인사)를 한다.
⑤ 작품을 바라보며 상실 대상을 떠나보내며 아쉬움, 그리움이나 슬픔의 감정
을 미술치료사와 함께 나누며 미술치료사는 마음으로부터 진정한 이별을
하도록 격려한다.

(4) 미술치료사의 유의점

- 이 작업은 다양한 매체를 활용하여 적용할 수 있다. 박스 기법 외에 점토로
상실 대상을 상징하는 작품을 만들거나 추모의 애도식 장면이나 헌화식 장

면 그리기/만들기로도 적용할 수 있다.

• 지금까지 상실 대상에게 못한 마지막 인사를 하는 과정에서 내담자가 슬픔
의 감정을 드러낼 수 있다. 미술치료사는 내담자가 충분히 슬퍼하고 슬픔에
머무르도록 격려한다. 더불어 내담자가 상실한 것이 무엇인지 깨닫고 인지
할 수 있도록 이끄는 것이 중요하다.

[그림 2-36] 상실 대상을 떠나보내며

유년기를 함께 보낸 외할아버지의 갑작스러운 죽음을 경험한 여자 청소년 A 양
은 외할아버지의 자랑스러웠던 생애를 떠올리며 추억이 담긴 사진과 추모를 위한
꽃을 활용해 애도를 위한 상자를 만들었다. 금색은 외할아버지의 빛나고 가치 있었
던 삶을 상징하였고 자신이 직접 그린 외할아버지의 초상화를 입체적으로 표현하
였다. 외할아버지께 마지막 인사를 하지 못해 늘 마음이 좋지 않았는데, 외할아버
지에게 하고 싶었던 감사의 마음을 전하고 좋은 곳에서 편히 쉬시길 바란다는 이야
기로 마지막 인사를 하였다.

09   상실 대상에 대한 콜라주 작업

(1) 목표

• 콜라주 작업을 통해 다양한 상실 감정을 표현하고 상실과 관련된 감정을 다루며 감정을 재배치한다.

(2) 준비물

• 4절 또는 8절 도화지, 잡지, 상실 대상의 사진, 가위, 풀, 다양한 꾸미기 재료 등

(3) 작업 과정

① 콜라주 작업을 시작하기 전에, 다양한 상실 감정(슬픔, 분노, 죄책감, 무기력 등)과 관련하여 내담자가 경험하는 감정에 대해 탐색하고 자신의 핵심 감정을 정한다.

② 내담자가 경험하는 상실과 관련된 핵심 감정(예: 슬픔)을 주제로 하여 콜라주 작업을 한다.

③ 작품을 완성하고 작품으로 표현된 자신의 감정을 마주하고 핵심 감정에 머무르도록 한다.

④ 미술치료사는 이 과정에서 내담자가 경험하는 감정에 대해 깊이 공감하며 내담자가 안전하게 감정을 마주하도록 한다.

(4) 미술치료사의 유의점

• 만약 내담자가 핵심 감정을 정하지 못하였지만 특정 감정을 마주해야 한다면 미술치료사는 그에 맞는 주제(예: '지금 어디 있나요?'– 고통감, 절망감, '하필 왜 나에게?'– 두려움, 분노, '잊어야 할까?'– 죄책감, 슬픔 등)를 제시할 필요가 있다.

- 핵심 감정을 다룬 후, 연결되어 지는 다른 감정을 순차적으로 다루는 것이 좋다.
- 잡지 콜라주 작업이지만 내담자와 상의하여 상실 대상의 사진이나 인쇄물을 활용할 수도 있다.

[그림 2-37] 상실 감정을 다룬 콜라주 작업 I

[그림 2-38] 상실 감정을 다룬 콜라주 작업 II

2. 중기 단계

10 명화 따라 그리기(뭉크, 〈임종의 자리에서〉)

(1) 목표

- 명화 따라 그리기를 통해 죽음에 대해서 재인식하고 상실과 관련된 감정을 표현하며 마주한다.

(2) 준비물

- 명화 이미지, 4절 또는 8절 도화지, 다양한 채색 도구(크레파스, 색연필, 파스넷) 등

(3) 작업 과정

① 뭉크의 그림을 준비하고, 뭉크의 개인사에 대해 내담자에게 이야기해 준다.
② '죽음'을 경험했던 뭉크의 작품을 감상한 후, 내담자는 뭉크의 작품을 따라 그리거나 변형해서 채색한다.
③ 작품 완성 후, 작품 과정과 완성 후의 느낌을 이야기로 나눈다.
④ 죽음에 대한 내담자의 인식에 대해 탐색한다. 죽음이 내담자에게 어떤 의미인지, 지금까지 내담자가 죽음을 어떻게 인식하고 있는지를 함께 나눈다.
⑤ 내담자가 표현한 감정과 명화에서 표현된 감정의 공통점을 나눈다.

(4) 미술치료사의 유의점

- 죽음과 관련된 혹은 상실과 관련하여 다양한 부정적 감정을 담고 있는 그림을 그린 화가의 개인사에 대해 미술치료사가 미리 숙지하는 것이 필요하다. 작업 전에 이를 내담자와 나누는 것은 내담자로 하여금 자신이 경험하는 사별 감정에 대한 공감을 얻게 한다. 작업 전후에 이와 관련하여 내담자와 충분히 이야기를 나누도록 한다.

- 명화 그리기는 명화(작품)에서의 변화가 내담자의 작품 및 감정 변화와 연결되기 때문에, 여러 회기에 걸쳐 시리즈 작업으로 진행할 수도 있다.
- 내담자가 그림을 따라 그리기 어려워하는 경우, 미리 준비한 도안을 활용하거나 미술치료사가 스케치를 도와줄 수 있다.

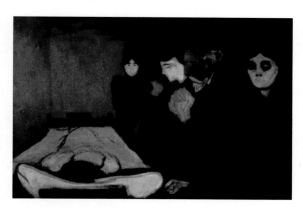

뭉크(Edvard Munch)의 〈임종의 자리에서〉(1896)

[그림 2-39] 임종의 자리에서 Ⅰ

[그림 2-40] 임종의 자리에서 Ⅱ

11 꿈에서 만난 상실 대상

(1) 목표

- 꿈에서 만난 상실 대상을 떠올려 내담자가 해결하지 못한 그리움, 아쉬움, 죄책감과 관련된 감정을 표현하게 하여 마음의 진정한 이별 과정을 촉진한다.

(2) 준비물

- 4절 또는 8절 도화지, 다양한 채색 도구(파스넷, 파스텔), 스티커, 비즈, 글루건 등

(3) 작업 과정

① 내담자가 상실 대상과 관련하여 꿈을 꾸는지에 대해 먼저 이야기를 나눈다.
② 꿈에서 상실 대상을 만나는 장면을 상상해 본다. 만약 내담자가 실제로 꿈을 꾼다면 그 장면을 떠올린다.
③ 그 장면을 구체적으로 표현한다.
④ 완성 후 작품을 바라보며, 내담자가 상실 대상에게 하고 싶은 말을 떠올린다.
⑤ 상실 대상에게 지닌 그리움, 아쉬움 및 죄책감의 감정을 언어적으로 표현하거나 작품을 변형시켜 표현한다. 예를 들어, 상실 대상을 꼭 안고 "잘 가."라는 말을 하고 싶은 경우, 작품을 수정하거나 변형시킨다.

(4) 미술치료사의 유의점

- 내담자의 사별 경험이 준비된 이별이든, 갑작스러운 이별이든 못 다한 얘기와 표현이 있기 마련이다. 미술치료사는 내담자가 갖는 그리움, 아쉬움, 죄책감과 관련된 표현을 회기 내에서 하도록 격려하는 것이 필요하다.
- 실제 내담자가 상실 대상의 죽음에 대한 책임이 일부 있다면 역할극을 통해

상실 대상과 화해하도록 개입하는 것이 중요하다.

• 내담자가 관련된 감정을 다루는 작업이 더 필요할 경우, 활동을 연장해서 진
  행하도록 한다. 이때, 내담자의 변형 및 수정된 작업이 충분히 이루어지도록
  하는 것이 좋다.

[그림 2-41] 꿈에서 만난 상실 대상

최근 엄마와 사별 경험을 했던 초등학교 4학년 남아 D 군은 엄마를 떠나보내고
매일 악몽을 꾸며 고통감을 호소하였다. 애도 작업을 통해 상실과 관련된 강렬한
감정을 다룬 후, '꿈에서 만난 상실 대상' 작업을 진행하였다. 이 작품에서 자신이
엄마에게는 "엄마 보고 싶어요. 말 안 들어서 미안해요."라고 말했고 나비가 된 엄
마는 "엄마가 ○○이와 늘 함께할 거야. 엄마가 늘 지켜 줄게."라는 이야기를 해줄
것 같다고 이야기했다.

12   상실 대상이 나에게 주고 간 선물

(1) 목표

- 상실 대상이 자신에게 주고 간 좋은 것을 떠올리고 작품으로 표현하여 상실 대상과 관련된 긍정적 정서를 마주한다.

(2) 준비물

- 마트료시카, 물감, 리본, 색종이, 붓, 팔레트, 물통 등

(3) 작업 과정

① 상실 대상이 자신에게 주고 간 좋은 것을 회상한다. 상실 대상과 관련하여 긍정적 감정을 담고 있는 특정한 사건이나 기억에 대해 떠올리게 한다.

② 마트료시카에 상실 대상과 관련된 긍정적 기억을 색채로 표현하고 그 기억과 감정을 간단히 적어 넣는다.

③ 작품을 바라보며 상실 대상과 관련하여 긍정적인 감정이나 그와 상응할 수 있는 감정에 대해 이야기한다.

④ 미술치료사와의 나눔을 통해 상실 대상과 관련하여 내담자가 긍정적인 감정을 인식하고 수용하도록 한다.

(4) 미술치료사의 유의점

- 내담자의 내면에 상실 대상에 대한 긍정적인 감정이 없더라도 그와 관련된 긍정적인 감정이나 그와 상응할 수 있는 감정과 접촉하도록 하는 것은 중요하다. 내담자가 상실 대상이 자신에게 남기고 간 좋은 것이 없다고 하더라도 긍정적인 감정을 느꼈던 한 순간을 떠올리게 하여 작업으로 이끌도록 한다. 상실 대상과 관련하여 긍정적인 감정을 인식하고 인정하는 것은 상실을 건

설적으로 다루는 데 도움이 된다.

- 이 활동은 내담자가 경험하는 상실과 관련된 강렬한 정서를 충분히 다룬 후 진행하는 것이 좋다. 긍정적인 정서를 먼저 다루게 되면 이후 애도 과정에서 필수적으로 다루어야 하는 분노, 무기력, 슬픔, 절망감 등을 다루기가 어려울 수 있다.
- 이 활동은 마트료시카 외에 상자나 점토 등 다양한 재료나 그리기 작업으로도 진행할 수 있다.

[그림 2-42] **상실 대상이 나에게 주고 간 선물**

할머니를 떠나보냈던 여자 청소년 B 양은 할머니와의 기억을 떠올리며 할머니에 대한 기억과 연결되는 색을 마트료시카에 칠하였다. 할머니가 좋아하던 색채, 할머니와 함께한 따뜻했던 어린 시절의 기억, 할머니의 따스한 품과 냄새를 채색하였다. 그때 할머니에게 하지 못했던 이야기를 짧게 글로 적어 마트료시카에 넣었고 '행복했던, 사랑했던 기억'을 하나의 작품으로 완성하며 할머니와 함께했던 기억이 자신의 삶에서 선물 같았던 시간이라고 이야기하였다.

13 애착 인형 만들기
(반려동물일 경우 반려동물 만들기)

(1) 목표
- 상실 대상을 대신할 애착 인형을 만들어 애도 과정을 촉진하며 애착 인형을 통해 심리적 안정감을 갖는다.

(2) 준비물
- 천, 헝겊, 솜, 실, 바늘, 눈알, 부직포, 글루건, 가위 등

(3) 작업 과정
① 상실 대상을 상징하거나 내담자에게 중간 대상으로 위로를 주는 인형을 만든다면, 어떤 인형을 만들고 싶은지 이야기를 나눈다.
② 천에 밑그림을 그려 인형을 만들 수 있는 도안을 준비한다.
③ 솜을 넣은 천을 바느질하여 작품을 완성하고 상실 대상의 특징적인 모습을 표현한다.
④ 작품을 완성한 후 상실 대상을 향한 내담자의 그리움을 표현한다.
⑤ 만들기를 완성하고, 애착 인형이 어떻게 보이는지, 상실 대상이 자신에게 어떤 의미였는지를 나눈다.
⑥ 작품으로 존재하는 상실 대상이 주는 심리적 안정감에 대해 이야기 나눈다.

(4) 미술치료사의 유의점
- 애착 인형 만들기는 인형 만들기 키트를 구매해서 활용할 수도 있지만, 애착 대상에 대한 내담자의 주관적인 감정을 담기 위해서는 내담자와 애착 인형이 어떻게 생겼을지, 어떤 형태인지에 대해 이야기를 먼저 나누고 만들기를 진행하는 것이 좋다.

- 어린 아동이나 바느질이 서툰 경우에는 미술치료사가 바느질 작업을 도와주도록 한다.
- 이 활동은 상실 대상을 향한 내담자의 감정을 다루고 상실 대상을 대신할 중간 대상을 통해 상실로 인한 불안을 완화하며 상실 대상이 부재한 환경을 향해 나가도록 하는 데 도움이 된다. 인형 만들기 활동으로 끝나지 않고 작품 완성 후 작품을 바라보며 내담자의 감정을 다루는 데 충분한 시간을 갖도록 한다.
- 애착 인형을 만든 후 미술치료사는 내담자와 역할놀이로 확장할 수도 있기 때문에 너무 어렵게 완성해야 하는 인형 만들기보다는 쉽고 간편한 인형을 만들어 그 의미를 함께 나누는 것에 초점을 맞출 필요가 있다.
- 상실 대상이 반려견일 경우, 반려견 만들기를 진행할 수 있다.

[그림 2-43] 애착 인형 만들기

[그림 2-44] 반려동물 만들기

14   기억 조각 만들기(개인, 가족/집단)

(1) 목표
- 상실 대상과 관련한 다양한 감정을 담은 기억 조각을 하나로 만들어 상실 대상을 기억하고 추모한다.

(2) 준비물
- 다양한 색의 퀼트 원단 또는 펠트지, 바늘, 실, 마커, 잡지, 풀, 가위, 다양한 꾸미기 재료 등

(3) 작업 과정
① 내담자와 상실 대상과 관련된 몇 가지 기억을 떠올리고 그 기억에 대해 미술치료사와 이야기를 나눈다.
② 가장 행복했던 기억, 놀랐던 기억, 슬펐던 기억, 화가 났던 기억 등과 같이 다양한 감정과 관련된 구체적인 사건을 떠올려 먼저 기록한다.
③ 앞서 나눈 기억을 토대로 퀼트 원단의 색을 고르고 작품으로 표현한다. 직접 그림을 그리거나 이미지를 활용하여 꾸민다.
④ 다음 기억을 토대로 꾸미기 작업을 계속한다.
⑤ 모든 기억과 관련된 작품을 완성한 후 조각들을 하나로 엮는다.
⑥ 작품을 완성하고 상실 대상과 관련된 하나로 엮인 기억이 어떻게 보이는지, 어떤 의미를 지니는지 이야기를 나눈다.

(4) 미술치료사의 유의점
- 이 활동은 개별로 작업할 수 있고, 가족 구성원 모두가 참여하여 가족 작품으로 진행할 수 있다. 집단의 형태로 진행할 때도 도움이 된다.

- 조각의 수는 회기 진행 과정을 고려하여 4, 6, 9 등으로 나누어 작업할 수 있고 가족이나 집단원의 수를 고려하여 나눌 수 있다.
- 활동을 바라보며 작품에 대한 나눔을 하는 것도 중요하지만, 기억 조각 작업을 할 때 각각의 기억에 대한 내담자의 상실 감정을 다루는 것도 필요하다.
- 퀼트 원단 대신 다양한 질감의 도화지나, 펠트지 등을 활용할 수도 있다.

[그림 2-45] **가족 기억 조각 만들기**

최근 유산을 경험한 30대 여성 K 씨와 남편 B 씨는 그동안 자녀를 기다리며 행복했던 기억, 슬펐던 기억, 오래 기억하고 싶은 기억 등을 각자 조각으로 작업한 후 실로 엮어 하나의 조각으로 만들었다. 다양한 색과 모양으로 표현된 기억 조각을 하나의 작품으로 엮은 후 바라보니, 더 풍성하고 꽉 찬 느낌이 들고 좋았던 시간뿐만 아니라 슬픔의 시간까지도 가족 구성원들에게 행복하고 의미 있었던 시간으로 기억된다는 것에 대해 나누었다. 이후 남겨진 가족 구성원들의 미래에 대한 기대와 소망을 표현하였다.

15   인생 시계/반려동물 연대기

(1) 목표

- 내담자 삶의 여정을 시계로 표현하여 시간의 흐름에 따라 상실 대상과 함께
한 기억을 떠올리고 상실과 관련된 기억과 감정을 다루며 미래의 희망과 소
망을 표현한다.

(2) 준비물

- 시계 도안이 그려진 도화지, 채색 도구(마커, 사인펜, 색연필 등) 및 다양한 꾸
미기 재료 등

(3) 작업 과정

① 인생 시계 작업을 안내하며 시계 도안이 그려진 도화지를 제공한다.

② 내담자 삶의 여정을 떠올리고 상실 대상과 함께했던 기억에 대해 이야기를
나눈다.

③ 시간에 흐름에 따라 인생 시계의 공간을 구분하고 자유롭게 꾸미고 짧은 글
을 함께 적는다.

④ 인생의 시간표를 과거, 현재, 미래의 시간순으로 구분하여 이어서 표현하도
록 한다.

⑤ 표지를 꾸미고 인생 시계 작업의 제목을 적는다.

⑥ 작업 과정 중에 각각의 시간을 떠올리며 상실 대상과 함께했던 인생의 시간
이 어땠는지, 상실 대상이 부재한 현재가 어떤지, 그리고 상실 대상이 없는
미래의 삶이 어떨지에 대해 이야기를 나눈다.

⑦ 작품 완성 후, 작품이 어떻게 보이는지 나누고, 상실 대상이 부재한 현재의
적응 정도와 미래에 대한 기대감 및 소망을 나눈다.

(4) 미술치료사의 유의점

- 이 활동은 인생길 작업으로 변형하여 진행할 수도 있다.
- 내담자가 과거의 시간에만 머무르지 않게, 상실 대상과 관련된 감정을 다룬 현재의 상태와 소망이 담긴 미래를 그릴 수 있도록 이끌어 준다. 상실 대상 이 내담자에게 어떠한 의미이고 얼마나 소중한 대상이었는지를 다루며 상실 대상과 함께한 삶의 여정이 이후 내담자에게 어떻게 긍정적인 영향을 미칠 수 있는지를 탐색한다.
- 상실 대상이 반려견일 경우, 반려견 연대기를 만들 수 있다.

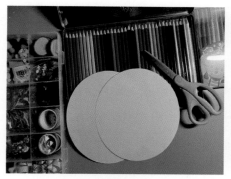

[그림 2-46] 반려동물 연대기 만들기 매체

[그림 2-47] 반려동물 연대기

2. 중기 단계

01 천국에서 온 편지

(1) 목표
- 천국에서 온 편지 작업을 통해 상실 대상에 대한 그리움을 수용하며 나 자신을 위로한다.

(2) 준비물
- 편지지, 봉투, 풀, 가위, 채색 도구 등

(3) 작업 과정
① 내담자와 상실 대상에 대한 그리움에 대해 이야기를 나눈다.
② 상실 대상이 천국에 있다면 어떤 마음으로 있을지 생각해 본다.
③ 상실 대상이 나에게 어떤 말을 전해 주었으면 좋을지 간단하게 이야기를 적어 본다.
④ 상실 대상에게 듣고 싶은 말을 편지지에 적는다.
⑤ 그 편지지에 글을 다 쓴 후 낭독한다.
⑥ 낭독 후 그 느낌에 대해서 미술치료사와 이야기를 나눈다.
⑦ 이 편지를 어떻게 하고 싶은지 정한다. 예를 들면 편지를 부쳐서 집으로 배달하게 하는 방법이 있고, 본인이 직접 집으로 가지고 가는 방법이 있으므로 내담자가 정하도록 한다.

(4) 미술치료사의 유의점
- 상실 대상에 대한 그리움을 표현할 경우, 감정적으로 격해질 수도 있어 사전에 내담자와 명상이나 심상 작업을 통해 심리적 이완을 먼저 유도하는 것이 필요하다.

• 애도를 위한 편지 작업은 미술치료사가 내담자의 현재의 감정에 민감하게
반응하고 그 감정에 함께 머물러 주는 것이 필요하다. 내담자의 침묵이나 울
음에 대해서 미술치료사가 너무 불안해 하지 말고 내담자와 함께함을 보여
주는 것이 무엇보다 중요하다.

[그림 2-48] **천국에서 온 편지**

작년에 강아지 사랑이를 잃은 여성 B 씨는 사랑이를 위해 한 번도 애도 작업을 한
적이 없었는데, 딸이 너무도 슬퍼해서 사랑이에 대한 얘기를 꺼내기 힘들었다고 했
다. 아마도 천국에서 사랑이가 우리한테 쓰고 싶은 말이 이것이었을 것이라고 하면
서 집에서 직접 글을 작성해서 가지고 왔고 이 작업이 너무도 치유가 되는 경험이
었다고 하였다.

∞ 사랑하는 가족에게

　평화로운 천국에서 그리운 가족에게 안부를 전해요.

　함께하는 모든 날이 좋았어요. 이별은 아프고 아쉬웠지만 잘 견뎌 내면서 우리는 어떤 숙제를 해낸 거 같아요. 맛있는 음식 앞에 먹이고 싶어 하는 엄마와 해가 될까 봐 가려 주려는 혜지 언니, 윤섭 오빠의 신경전이 사랑으로 느껴져서 좋았어요. 남산 산책길에 다른 강아지들이 나를 강아지로 대하는 게 불편하던 걸 우리 가족들은 당연하게 여겨 줘서 고마워요. 맞아요. 저는 우리 가족의 일원이었지요. 풍요롭고 즐거웠던 기억으로 떠나와서 여전히 그러하길 기원하고 있어요. 너무 많이 슬프지 않기를 바랐는데 힘들었군요. 이곳 천국은 슬픔은 없어요. 그래도 우리 가족의 따뜻한 사랑은 기억하고 있어서 그 사랑이 그립네요. 가족이 지어 준 이름 사랑이로 사랑받으며 살아서 좋았어요. 고맙습니다. 사랑이는 가족으로부터 떠나왔지만, 우리 가족과 사랑으로 함께할 거예요.

사랑해요 우리 가족.

02 나의 펫에게 쓰기

(1) 목표

- 편지 쓰기를 통해 상실을 경험한 내담자가 미해결 과제에 해당하는 펫에게 생전에 하지 못했던 말이나 감정을 전달하도록 돕고 내담자가 느끼는 그리움을 표현하며 위로를 받는다.

(2) 준비물

- 편지지, 편지봉투, 편지 꾸미기 재료(스티커, 대상 사진) 등

(3) 작업 과정

① 눈을 감고 심호흡을 하도록 한 후, 펫을 떠올린다.

② 그 펫이 있는 '무지개다리'라는 곳이 어떤 곳일지 또는 어떤 곳이었으면 좋을지 생각한다.

③ 만약 그 펫이 무지개다리에 있어서 편지가 전달된다면 예전에 하지 못했던 말이나 하고 싶은 말이 무엇인지 생각해 본다.

④ 편지지에 하고 싶은 말을 글로 적은 후 편지봉투를 꾸미고 편지를 어떻게 하고 싶은지 이야기를 나눈다.

(4) 미술치료사의 유의점

- 이 작업을 할 때 도입 부분에 내담자가 무지개다리가 의미하는 것이 무엇인지 충분히 생각할 시간을 가져야 한다. 그 이후 그곳이 주는 의미를 생각한 후 그곳에 대한 심상 작업을 먼저 진행하는 것이 좋다.

- 편지 보내는 곳을 어디로 할지에 대해 내담자와 함께 정하도록 한다. 편지를 썼지만 편지를 보내는 의식을 하지 않거나 어디에 보내야 할지 모호할 경우

더 불안감을 일으킬 수 있다. 그러므로 편지를 쓰고 이것을 어디에 보관할지 함께 이야기 나누는 시간을 먼저 갖는 것이 좋다.

• 펫을 떠올릴 때 감정이 복받치거나 격해진다면, 바로 멈추고 내담자가 감정이 가라앉을 때까지 심호흡과 마음챙김으로 이끄는 작업을 먼저 진행해야 한다.

• 글을 쓰는 게 어려운 내담자인 경우, 펫의 사진이나 자신과 즐거웠던 모습이 함께 담긴 사진을 활용할 수도 있고 간단하게 떠오르는 이미지를 그려서 편지로 보낼 수 있게 하는 등의 유연성을 가지고 진행하는 것이 좋다.

참고 자료

무지개다리(Rainbow Bridge) 또는 하늘다리는 키우던 반려동물이 죽으면 간다고 하는 비유적인 장소 혹은 신화적인 장소이다. 무지개다리는 저자 미상의 산문시의 주제로 다루어지고 있기에 유명하다. 작품은 1980년대와 1990년대에 만들어졌다고 알려져 있지만 정확한 시기는 불분명하다. 이 구절이나 문장은 애완동물을 잃은 동물 애호가 사이에서 널리 알려지게 되었다.

출처: 위키백과

천국에서 온 편지를 쓴 50대 여성 B 씨는 가족들이 함께 애도 작업을 거치지 못했기 때문에 강아지 '사랑이'에게 쓰고 싶은 말을 쓸 수 있게 되어 너무도 힐링이 되었다고 하였다. 편지와 더불어 식구 각자가 사랑이에게 쓰고 싶은 말을 간단히 적은 작은 카드도 붙였고, 미술치료사도 사랑이에 대한 이야기를 많이 들어서 사랑이에게 편지를 함께 써 주었다.

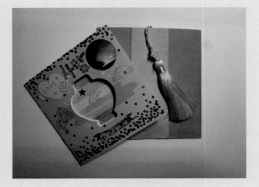

[그림 2-49] 나의 펫에게 편지 쓰기

∞ 천국의 사랑이에게

소파에 앉으면 늘 네가 앉아 있던 자리를 더듬으며 너의 온기를 기억한다.

사랑아.

시간이 지난다고 잊히거나 멀어지는 게 아니구나.

지금도 너는 우리 집과 가족들 마음에 소중한 존재로 함께한단다.

떠날 때 인사를 나누지 못했던 윤섭이는 전역하고 집에 돌아와 네가 없다는 것에 힘들어했다. 물론 소식을 전해 줘서 군대에서 나름의 이별식을 했었는데도.

어떤 생명이든 그 존재의 의미를 다른 누군가가 대신해 줄 수 있는 것이 아니기에 너 아닌 어떤 아이로도 너의 자리를 채우려 하지 않는다.

그리우면 그리운 대로 보고 싶으면 보고 싶은 대로 너를 기억하면서 서로의 감정을 이야기한단다. 웃으면서 추억하기까지 꽤 오래 걸렸다.

혜지는 아직도 너의 부재가 자연스럽지 않은 듯하지만, 서로가 그 마음을 도닥여 주면서 우리 가족은 잘 성장하고 있단다.

이번 여름 리마인드 가족사진 촬영 때 또 너의 빈자리가 느껴지겠지만 슬픔이 아닌 그리움으로 떠올릴게.

어린 네가 우리 집으로 오던 날 이름을 지으며 깔깔거리던 걸 우린 모두 기억한다.

너는 그렇게 소중한 존재이다. 부르고 싶은 이름 사랑아!

어딘가에 있을 너의 영혼에 우리 가족의 즐거운 안부를 또 전할게. 고마운 사랑아.

사랑이를 사랑하는 가족 모두가

03   메모리박스 2(추모를 위한 소품)

(1) 목표

- 추모를 위한 소품과 미래의 추억하고 싶은 내용을 상자에 넣음으로써 상실을 받아들이고 극복하며 미래의 적응적인 모습에 대한 긍정적인 시각을 가진다.

(2) 준비물

- 상자, 상실 대상과의 추억과 관련된 소품들, 채색 도구, 입체 도구, 목공용 본드, 잡지 등

(3) 작업 과정

① 만약 이전에도 메모리박스 작업을 했다면 그 작업이 어땠는지 먼저 이야기를 나눈다.

② 추모를 위해 어떤 소품을 넣고 싶은지에 대해 브레인스토밍 작업을 한다.

③ 상실 대상과의 추억과 관련된 소품을 메모리박스에 넣는다.

④ 앞으로 상실을 극복한 미래의 자신의 모습에 대해 이야기를 나눈 후 그림을 그리거나 잡지 속 이미지를 찾아 상자 속에 붙인다.

⑤ 메모리박스의 겉면은 어떤 형태로 하면 좋을지 이야기를 나눈 후 상자를 꾸민다.

⑥ 다 완성한 후 느낌은 어떤지, 이 메모리박스가 주는 의미가 무엇인지 이야기를 나눈다.

⑦ 이후 이 메모리박스를 어디에 보관하면 좋을지 이야기를 나눈다.

(4) 미술치료사의 유의점

- 이전에 상실 대상과의 추억과 관련된 메모리박스 작업을 했다면, 이번 메모

리박스에서는 상실 이후 미술 작업 과정에서 상실 대상을 추억하며 만들었던 작품을 넣을 수도 있고, 상실을 극복한 미래의 자신의 모습 이미지를 넣을 수도 있다. 따라서 내담자와 마지막 메모리박스 작업에서는 어떤 내용을 넣는 것이 좋은지 브레인스토밍 과정을 거치도록 한다.

- 상자를 어떤 형태로 만들고 싶은지도 작업하기 전에 미리 논의하는 것이 좋다. 예를 들면, 상자 안이 잘 보이도록 투명한 형태로 만들 수 있고, 입구가 열린 형태로 만들 수도 있으므로 사전에 미리 상자 형태에 대한 논의 작업을 하는 것이 필요하다.

- 작품을 다 만든 후 작품에 대한 느낌과 앞으로 이 상자를 어디에 보관할지 등, 이후 어떻게 하고 싶은지에 대해서도 충분히 이야기 나누는 것이 좋다.

- 메모리박스 작업은 상실 대상과의 추억을 다시 한번 생각하기 때문에 감정이 올라올 수도 있다. 따라서 내담자가 충분히 거기에 대한 감정에 머물러보고 작업할 수 있도록 도와주는 것이 필요하다.

유학 시절 길렀던 고양이 상실을 경험한 20대 남성 L 씨는 메모리박스 작업을 통해 고양이 '원이'에 대한 그리움을 처음으로 표현하였다. 유학 시절 외롭고 힘들었을 때 1년 동안 '원이'를 친구이자 형제로 여기며 살았기 때문에 고양이의 죽음을 받아들이기 힘들었고 그 상실감은 현재까지도 이어졌다고 하였다. 메모리박스 작업을 통해 원이 사진을 계속

[그림 2-50] 추모를 위한 소품 메모리박스

볼 수 있고 함께 한다는 생각을 가질 수 있어서 의미 있었다고 하였다.

04 상실 대상과 나와의 관계 콜라주

(1) 목표

- 상실 대상과 함께했던 사진이나 관련 이미지들을 중심으로 콜라주 작업을 통해 상실을 수용하고 상실 대상과의 새로운 관계를 인식할 수 있는 기회를 가진다.

(2) 준비물

- 상실 대상 사진이나 그와 함께 찍은 사진, 잡지 등의 이미지들, 도화지, 풀 또는 목공용 본드, 가위, 스티커, 채색 도구 등

(3) 작업 과정

① 상실 대상과 나와의 관계가 어떠했는지 이야기를 나눈다.

② 그 관계를 나타내는 상실 대상의 사진이나 그와 함께 찍은 사진들을 보고 서로 이야기를 나눈다.

③ 상실 대상과 현재의 관계는 어떠한지에 대해서도 이야기를 나눈다.

④ 상실 대상과 나와의 관계를 콜라주로 표현한다면, 어떤 형태로 만들고 싶은지 이야기를 나눈 후 도화지에 배치해 본다.

⑤ 도화지에 사진이나 이미지를 내담자가 정한 형태로 붙인다.

⑥ 작품을 완성한 후 작품에 대한 제목을 정한 후 도화지에 적는다.

⑦ 작품에 대한 느낌이 어떤지 이야기를 나눈다.

(4) 미술치료사의 유의점

- 후기에서의 상실 대상과 내담자와의 관계 콜라주 작업은 그들 간의 미래의 관계에 대해 충분히 생각해 볼 수 있는 시간을 갖도록 한다.

- 어린 아동의 경우, 이런 관계에 대한 이해가 어려울 수 있으므로, 내담 아동 의 시각에 맞게 접근하는 것이 좋다. 예를 들면, 엄마를 상실한 어린 아동의 경우, 엄마가 지금 여기에는 없지만 앞으로 내담 아동이 살아가면서 엄마가 어떤 말을 해 줬으면 좋은지에 대해 이야기를 나눈 후 그것을 작품 속에 표현할 수 있도록 격려해 볼 수 있다. "○○아/야, 너는 최고야!"라는 말을 듣고 싶다면 작품에 그것을 표현할 수 있도록 한다.
- 이 작업을 진행하는 데 있어서 내담자가 어려워할 경우, 관련 이미지나 미술 치료사가 사전에 간단하게 작업한 것을 예로 보여 줄 수도 있으므로, 내담자 의 특성이나 발달 연령에 맞춰 사전 준비를 하는 것이 필요하다.

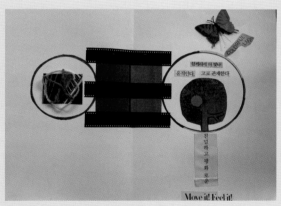

[그림 2-51] 상실 대상과 나와의 관계 〈나비처럼〉

얼마 전 어머니를 상실한 60대 남성 P 씨는 콜라주 작업을 통해 과거와 미래의 어머니와 자신의 관계를 표현하였다. 과거의 관계를 나타내는 왼쪽에는 피아노 사진 위에 모루를 얽혀 있는 형태로 표현하였는데, 음악을 전공했지만 양육으로 자신의 꿈을 포기했던 어머니와 그 속에 있었던 자신과 형제들을 나타냈다. 오른쪽에는 어머니와 자신에게 하고 싶은 말을 이미지와 글자로 표현하였다. 더불어 어머니도 자신도 과거의 삶에서 벗어나 이제 나비처럼 컬러풀한 삶을 살 수 있었으면 좋겠다고 하였다. 하지만 과거와 현재, 미래가 다르지 않고 필름을 통해 남겨지듯이 어머니와 자신은 계속 연결되고 자신의 기억 속에 어머니가 언제나 있을 것이라고 하였다.

3. 후기 단계

05   그림 동화책 3 – 새로 쓰는 동화 이야기

(1) 목표

- 애도와 관련된 동화책을 통해 애도 감정을 수용하고 자신의 상실 대상을 애도할 수 있는 새로운 동화 이야기를 만듦으로써 자기 성장을 할 수 있도록 한다.

(2) 준비물

- 그림 동화책, 채색 도구, 스티커, 입체 도구 등

(3) 작업 과정

① 애도를 다루는 동화책을 함께 보고 미술치료사와 이야기를 나눈다.
② 동화책의 주인공이라면 자신의 감정이 어떤지 충분히 탐색할 수 있는 시간을 갖는다.
③ 이 동화책의 주인공을 본인으로 하여 상실 대상과의 관계를 새롭게 이야기로 만든다.
④ 스토리를 만들어서 각 페이지에 자신의 스토리를 넣는다.
⑤ 새롭게 바꾸고 싶은 결말이나, 바꾸고 싶은 단어나 말을 선택하여 미술 작업으로 바꾸어 본다.
⑥ 새로 만든 스토리가 어떤지, 거기의 주인공인 자신에게 어떤 말을 해 주고 싶은지 이야기를 나눈다.

(4) 미술치료사의 유의점

- 후기에 이루어지는 애도 작업이지만, 에너지 수준이나 발달 수준이 낮거나 그 외의 요인으로 책을 변형하는 작업을 진행하기 어려운 경우, 그림 동화책

의 스토리를 읽고 그와 관련된 느낌을 다루도록 한다.

- 책을 변형하는 작업은 한 회기에 다 마치기 어려울 수 있으므로, 사전에 내 담자에게 이 책 작업이 2~3주에 걸쳐 진행될 수 있다는 것을 알려 주는 것 이 좋다. 내담자가 매 회기 완성 경험을 갖는 것이 중요하기 때문에 이 작업 이 몇 주에 걸쳐 진행될 수 있다는 것을 안내한다.
- 그림책 작업은 연령이나 발달 수준에 따라 적합한 내용의 그림책을 선정하 는 것이 좋으므로 미술치료사는 사전에 그림책을 몇 가지 준비하고 내담자 가 선택할 수 있도록 한다.

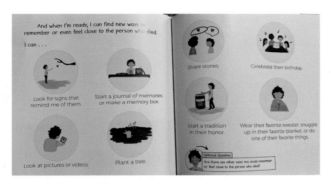

[그림 2-52] 『When someone dies』, by Andrea Dorn 일부

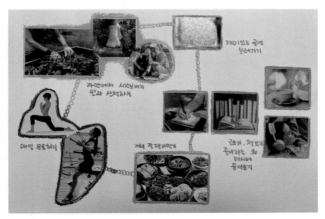

[그림 2-53] 새로 쓰는 나의 이야기

06   서로에게 힘이 되는 석고 손 만들기

(1) 목표

- 석고 본뜨기 작업을 통해 미술치료사와의 안전한 관계망을 형성하고 자기 자신을 위로할 수 있는 기회를 제공한다.

(2) 준비물

- 베이비 로션, 석고붕대, 종이컵, 물, 보드 판, 글루건 등

(3) 작업 과정

① 내담자에게 석고 본뜨기 작업을 어떻게 하는지에 대해 먼저 설명한다.

② 베이비 로션을 활용해 미술치료사가 내담자에게 터치 경험을 제공하고 느낌이 어떤지 서로 이야기를 나눈다.

③ 어떤 포즈의 손을 만들고 싶은지 함께 정한다.

④ 내담자의 손 위에 미술치료사는 어떤 손 포즈를 해 주면 좋은지에 대해서도 이야기를 나눈다.

⑤ 석고붕대를 물에 묻혀 각자 자신의 손 위에 올려놓고 손을 완성한다.

⑥ 다 마른 석고붕대를 보드 판에 붙이고 난 후 내담자와 미술치료사가 서로에게 하고 싶은 말을 한다.

⑦ 작업을 마친 후 느낌에 대해 이야기를 나눈다.

(4) 미술치료사의 유의점

- 석고붕대 작업은 꼼꼼하게 작업하지 않으면 구멍이 나거나 찢어지는 경우가 있어 내담자가 좌절을 경험할 수 있다. 이때 내담자가 도움을 요청할 경우, 미술치료사는 접힌 부분에 좀 더 꼼꼼하게 작업할 수 있도록 도움을 주는 것

이 좋다. 만약 내담자가 도움을 받지 않고 혼자 하기를 원하면, 미술치료사
는 보강이 필요한 부분에 대해 알려 준다.

• 석고붕대에 색을 칠할 경우에는 한 회기에 그 작업을 다 하기 어렵기 때문에
  2회기에 걸쳐 진행될 수 있음을 사전에 내담자에게 알려 주는 것이 좋다.

• 석고 작업 하기 전에 터치의 경험이 어떠한지에 대해 충분히 이야기를 나누
  는 것이 매우 중요하므로 너무 급하게 석고 작업으로 넘어가지 않도록 한다.

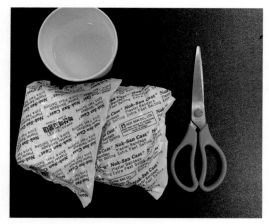

[그림 2-54] **석고 본뜨기 재료**

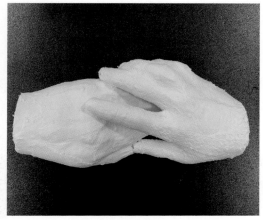

[그림 2-55] **서로에게 힘이 되는 석고 손**

07 내 인생의 터널

(1) 목표

- 내 인생의 터널 작업을 통해 상실을 극복하고 건강한 애도 과정을 거쳐 자신의 삶을 살펴보고 준비할 수 있는 기회를 가진다.

(2) 준비물

- 두꺼운 도화지 또는 마분지, 색종이, 스티커, 보드 판, 스카치테이프, 유성사인펜, 파스텔, 크레파스, 물감 등

(3) 작업 과정

① '내 인생의 터널' 작업이 무엇인지에 대해 이야기를 나누고 눈을 감고 내담자 자신의 인생 터널 모습은 어떠한지에 대해 생각해 본다.

② 현재의 내 인생 터널은 어떤 모습인지, 미래의 인생 터널은 어떤 모습이면 좋은지 이야기를 나눈다.

③ 도화지를 이용하여 터널을 만든 후 앞의 반은 현재의 인생과 관련하여 꾸민다.

④ 뒤의 반은 미래의 인생과 관련하여 꾸미도록 한다.

⑤ 도화지를 보드 판에 올려놓고 활처럼 반원 형태를 만들어 터널을 만든다.

⑥ 터널 앞에 서 있는 자신을 클레이나 종이 작업으로 표현하고 터널 앞에 붙인다.

⑦ 터널 앞에 서 있는 자신의 모습이 어떤지, 그리고 이 작업을 통해 느낀 점 등에 대해 이야기를 나눈다.

(4) 미술치료사의 유의점

- 터널로 사용할 종이 크기를 정할 때, 내담자의 에너지 수준을 고려하는 것이 좋다. 너무 큰 종이를 사용할 경우, 이를 보관하거나 견고하게 터널을 만드는 게 어려울 수 있으므로 내담자의 에너지 수준과 좌절 경험에 대한 인내력 수준 등을 고려하는 것이 필요하다.

- 종이로 터널을 만들기 위해 종이를 고정해야 하는데, 내담자가 보드 판에 종이 터널을 끼울 수 있는 홈을 만드는 게 어려울 수 있으므로, 사전에 미술치료사가 미리 종이 터널을 끼울 수 있는 홈을 만들어 놓는 것이 좋다.

- 터널 앞에 있는 자신을 어떻게 표현하고 싶은지 이야기를 나누도록 한다. 예를 들면, 자신을 상징하는 피규어나 사진을 그 앞에 놓을 수도 있고, 자기 자신을 그린 그림을 그 앞에 세워 놓을 수도 있다. 또한 자신을 상징하는 피규어나 사진 등이 터널을 통과하는 의식(ritual)을 하는 것도 내담자에게 의미가 있을 수 있으므로 이에 대해서도 내담자와 사전에 이야기를 나누는 것이 좋다.

배우자를 상실한 만 70세 남성 B 씨는 자신이 그동안 겪어 왔던 자신의 인생에 대해 터널 작업을 하였다. 그는 여러 가지 색깔의 색종이로, 네모, 동그라미, 하트 모양을 만들어 어두운 입구와 출구를 향해 점점 밝아지는 터널을 표현하였다. 자신이 터널의 어디쯤 와 있는지를 파란색 색종이로 사람 형태를 만들어서 터널의 2/3 지점에 붙였다. 올해 1년 정도 더 있으면 아내의 죽음이 잊힐

[그림 2-56] 내 인생의 터널 〈내 인생의 가장 어려운 시기를 2/3쯤 지나고 있다〉

것 같다고 하였다. B 씨는 자기 자신이 어려운 가운데서도 극복하고 이렇게 전진하는 모습이 정말 자랑스럽다고 하였다.

3. 후기 단계

08   콜라주를 활용한 현재의 나와 미래의 나

(1) 목표

• 콜라주 작업을 통해 현재의 나를 인식하고 미래의 나에 대한 긍정적인 시각을 가진다.

(2) 준비물

• 잡지, 풀, 가위, 8절지 또는 4절지, 채색 도구 등

(3) 작업 과정

① 잡지를 활용하여 콜라주 작업을 할 것이라고 얘기하고 콜라주 작업에 대해 설명한다.

② 현재의 나의 모습과 비슷한 이미지를 잡지를 활용하여 찾도록 한다.

③ 이미지들을 가위로 오리고 8절지 또는 4절지 도화지에 배치한 후 풀로 붙인다.

④ 현재의 나 콜라주에서 어떤 모습의 나인지 이야기를 나눈다.

⑤ 상실을 극복하고 난 후의 미래의 나는 어떤 모습일지 이야기를 나눈다.

⑥ 잡지의 이미지나 글자를 활용하여 미래의 나 콜라주를 만든다.

⑦ 미래의 나 콜라주에 제목을 붙이고 상실 경험 후 잘 적응하고 있는 자신의 모습에 대해 이야기를 나눈다.

⑧ 현재의 나와 미래의 나 콜라주를 함께 놓고 미래의 나의 모습이 되기 위해 어떤 노력을 하면 좋은지 이야기를 나눈 후 마무리한다.

(4) 미술치료사의 유의점

• 어린 아동은 가위질이 어려울 수 있으므로, 미술치료사가 사전에 이미지들

을 오려 놓거나, 이미지들을 오리는 것을 도와주는 것이 필요하다.

- 콜라주 작업에 잡지를 사용할 경우, 내담자가 자신과 비슷한 이미지를 충분하게 선택할 수 있도록 다양한 잡지나 이미지들을 준비해 주는 것이 좋다.
- 내담자가 찾고자 하는 이미지가 없을 경우, 이미지의 부분을 활용하여 그림을 그리거나 채색할 수 있도록 격려해 주는 것이 필요하다.
- 콜라주 작업에 많은 시간을 소요하는 내담자의 경우, 한 회기에 현재의 나 콜라주와 미래의 나 콜라주를 다 완성하기 어려울 수 있으므로, 사전에 내담자와 함께한 회기에서 두 회기에 걸쳐 작업이 이루어질 수 있음을 미리 알려 주는 것이 좋다.
- 잡지를 활용하기 어려울 경우, 디지털 콜라주나 사진 콜라주로 변형하여 사용해도 좋다.

3. 후기 단계

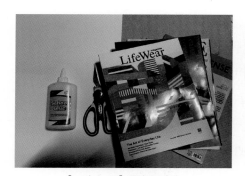

[그림 2-57] 콜라주 매체

[그림 2-58] 현재의 나와 미래의 나

09   추모 바람개비 만들기나

(1) 목표

- 바람개비 작업을 통해 상실 대상을 추모함으로써 심리적인 위로감과 안정감을 가진다.

(2) 준비물

- 달력 또는 플라스틱 판, 가위, 고정핀, 송곳, 바람개비 손잡이용 스틱, 채색 도구, 목공용 본드 등

(3) 작업 과정

① 추모 바람개비를 만든다면 어떤 내용을 담고 싶은지 이야기를 나눈다.
② 플라스틱 판이나 달력 위에 바람개비 모양의 선을 그린 후 가위로 자른다.
③ 상실 대상과 어떤 것을 함께하고 싶은지 글이나 그림을 그린다.
④ 바람개비 모양으로 접고 가운데를 송곳으로 뚫은 후 고정핀으로 고정한다.
⑤ 바람개비의 스틱을 바람개비 고정판과 연결한다.
⑥ 바람개비에 적은 메시지의 의미를 생각하며 날려 본다.

(4) 미술치료사의 유의점

- 어린 아동은 플라스틱 판으로 바람개비를 만들기 어려울 수 있으므로 달력을 활용하여 바람개비를 만들 수 있다. 미술치료사는 내담자의 발달 연령이나 미술재료 사용의 숙달 정도에 따라 기본 재료를 달리 준비할 수 있어야 한다.
- 추모 바람개비의 의미를 담기 위해 바람에 따라 바람개비가 돌아갈 수 있게 해야 하므로, 미술치료사는 사전에 재료의 속성에 대해 살펴보고 내담자에

게 그 속성에 대해 설명할 수 있어야 한다.
- 추모 바람개비에는 내담자가 상실 대상에게 쓰고 싶은 메시지를 적는 것이 의미가 있으므로 적은 내용에 대해 충분히 미술치료사와 나눌 수 있는 시간을 갖는 것이 좋다.
- 바람개비를 보관하는 것 또한 중요하므로, 바람개비를 세울 수 있는 지지대를 만들거나 스티로폼이나 클레이에 바람개비를 꽂아 놓을 수 있도록 한다.

[그림 2-59] 추모 바람개비 만들기

1년 전 아버지를 상실한 고등학생 C 군은 학교에서 수업 시간에 우울과 무기력감으로 학교 성적이 떨어지고 있어 담임선생님을 통해 상담센터에 의뢰된 사례이다. 아버지의 갑작스러운 죽음으로 경제활동을 하지 않았던 어머니가 일을 나가게 되자 자신이 엄마를 돌봐 줘야 한다는 책임감과 부담감으로 우울한 상황이 지속되었다. 미술치료를 통해 상실을 다루고 애도 작업을 함으로써 공휴일마다 아버지와 함께 낚시를 갔던 기억을 떠올리며 바람개비를 완성하였다. 각 공휴일 때마다의 추억을 얘기하며 그와 관련된 감정을 색깔로 칠해서 표현하였다.

3. 후기 단계

10 소망의 무드 등

(1) 목표

- 소망의 무드 등 작업을 통해 내담자가 미래에 대해 긍정적인 시각을 가진다.

(2) 준비물

- 대나무 바구니 2개, LED 초, 유성 매직, 목공용 본드 등

(3) 작업 과정

① 무드 등 작업은 내담자의 소망을 나타내는 작업으로, 상실 대상에 대한 소망이나 내담자 자신에 대한 소망이 될 수 있기에 어떤 소망을 담고 싶은지에 대해 이야기를 나눈다.

② 무드 등을 어떤 형태로 만들고 싶은지 생각해 본다.

③ 무드 등으로 사용할 초에 소망 메시지를 적는다.

④ 대나무 바구니 속에 초를 넣는다.

⑤ 대나무 바구니 2개를 본드나 끈으로 연결한다.

⑥ 무드 등을 만든 후 느낌이 어떤지, 그 소망 메시지가 어떤 의미가 있는지 이야기를 나눈다.

(4) 미술치료사의 유의점

- 무드 등은 어두운 곳을 밝혀 주는 역할을 할 수 있으므로, 무드 등을 자기 전 잠시 동안 켜 놓으면서 상실 대상을 위한 소망을 빌어 주는 시간을 가질 수 있다. 따라서 이러한 시간을 언제 가지는 것이 좋은지 이야기를 나누도록 한다.
- 실제 초를 넣으면 위험할 수 있기 때문에 LED 초를 사용하는 것이 좋은데, 배터리가 자주 나갈 수 있으므로 여유 있게 LED 초를 준비해 주는 것이 좋다.

- 이 작업을 마지막 회기에 한다면, 소망을 비는 의식(ritual) 작업을 하는 것이 좋으므로 내담자가 소망을 비는 의식을 통해 미래에 대한 계획을 해 보고 회기를 마무리하는 시간으로 활용해 볼 수 있다.

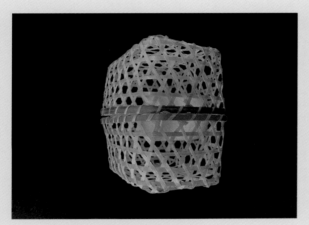

[그림 2-60] 소망의 무드 등

1년 전 키우던 고양이를 상실한 대학교 3학년 여학생 C 양은 편입해 온 학교에서 대인관계의 어려움으로 의뢰된 사례이다. C 양은 대인관계의 어려움을 호소하는 중에 고양이가 유일한 친구로서 상실했을 때 애도 작업을 하지 못한 마음이 죄책감으로 남아 있다고 하였다. 불면증으로 어려움을 호소하기도 하여서 소망의 무드 등 작업을 하였는데, 초(건전지 초) 바닥에 언제나 마음속에 함께하자는 소망을 적고 대나무 바구니를 연결하여 무드 등을 완성하였다.

11 소망나무 만들기

(1) 목표

- 소망나무 작업을 통해 새로운 삶의 의미와 가치를 발견하고 앞으로의 삶을
  계획한다.

(2) 준비물

- 지점토, 컬러 클레이, 나무판, 젓가락, 목공용 본드, 뽕뽕이 또는 포스트잇,
  아크릴 물감, 붓 등

(3) 작업 과정

① 애도 과정을 거친 후 자신의 삶의 의미와 가치, 앞으로의 소망에 대해 생각
  해 본다.

② 포스트잇이나 뽕뽕이에 자신의 소망을 하나씩 적는다.

③ 보드 판에 나무 형태를 그리거나, 지점토로 나무를 만든 후 아크릴 물감으
  로 나무를 칠한다.

④ 나무에 소망을 적은 뽕뽕이나 포스트잇에 적은 소망들을 붙인다.

⑤ 가장 먼저 이루고 싶은 소망부터 차례부터 붙인 후 각 소망을 이루기 위해
  어떻게 하면 좋을지 이야기를 나눈다.

⑥ 소망나무 작업을 통해 상실 대상에게 어떤 모습으로 보이고 싶은지 이야기
  를 나눈다.

(4) 미술치료사의 유의점

- 소망나무 작업은 내담자의 에너지 수준에 따라 크게 또는 작게 작업할 수 있
  으므로 미술치료사는 내담자의 특성을 잘 파악하여 재료를 준비하는 것이

필요하다.

- 내담자가 애도 과정을 통해 자신의 삶의 의미와 가치를 생각해 보는 시간을 충분히 갖는 것이 좋다. 그러나 어린 아동의 경우, 삶의 의미와 가치에 대해 이해하기 어려울 수 있으므로 아동의 시각에 맞게 설명할 필요가 있다.

- 마지막에 상실 대상에게 어떤 모습으로 보이고 싶은지 이야기를 나눌 때 내담자가 자신의 감정을 솔직하게 표현할 수 있도록 미술치료사는 내담자의 감정에 충분히 공감하고 수용해야 한다.

- 내담자가 나무를 입체적으로 만들고 싶을 수도 있으므로, 사전에 나무를 어떻게 만들면 좋을지, 어떤 재료로 만들면 좋을지 논의한 후 재료 준비를 해 주는 것이 필요하다.

3. 후기 단계

결혼 1년 후 자다가 갑자기 남편을 상실한 30대 여성 K 씨는 혼자 아들을 키우고 있다. 초등학교 1학년 아들의 주의력 결핍 등의 문제행동 때문에 양육상담으로 의뢰되어 이에 대한 작업이 이루어졌다. 친정에서 살고 있지만, 남편 사망 후 남편에 대한 애도 작업이 이루어진 적이 없어서 이를 먼저 다루었다. 내담자는 남편에 대한 원망과 그리움이 있음을 표현하였고 마지막 회기에는 소망나무를 통해 자신이 아들을 잘 키우겠다는 다짐과 더불어 남편에 대한 좋은 기억과 사랑, 웃음, 건강, 평안에 대한 소망을 표현하였다.

[그림 2-61] 소망나무 만들기

12   나와 상실 대상을 위한 정원 만들기

(1) 목표

- 심리적 지원이 되는 공간에 대해 탐색하고 일상 속 상실 대상을 추모하며 나의 자원을 키울 수 있는 공간 만들기를 통해 심리적인 유대감과 안정감을 느낀다.

(2) 준비물

- 원 형태의 보드 판, 클레이, 자연물, 인조 자연물, 작은 나무 조각들, 상실 대상 관련 상징물, 글루건 등

(3) 작업 과정

① 나와 상실 대상이 함께 머물 수 있는 정원이 어떤 형태인지, 어떤 것이 담겼으면 좋을지 생각해 보고 이에 대해 이야기를 나눈다.

② 정원을 꾸미기 위한 원 모양 보드 판에 풀을 깔거나 흙을 활용하여 밑 작업을 한다.

③ 그 위에 정원의 형태를 만들기 위해 필요한 다양한 매체를 먼저 배치한 후 붙인다.

④ 정원을 만들고 나서 나 자신과 상실 대상의 상징물을 클레이로 만들어 정원 위에 배치한다.

⑤ 모든 매체가 떨어지지 않도록 고정한다.

⑥ 자신과 상실 대상과의 정원에 이름을 붙이고 느껴지는 감정에 대해 이야기를 나눈다.

(4) 미술치료사의 유의점

- 이 작업은 내담자와 상실 대상을 위한 정원이므로, 사전에 어떠한 정원을 만들고 싶은지, 어떤 매체를 사용하면 자신이 만들고 싶은 정원이 될 수 있는지 충분히 이야기를 나눈다.
- 정원에 내담자 자신이나 상실 대상과 관련된 상징물을 배치해야 하므로, 사전에 내담자에게 관련 상징물을 가져올 수 있도록 안내하는 것이 좋다.
- 정원 위에 있는 물체들을 고정할 때 어린 아동은, 글루건이나 본드를 사용에 어려움이 있을 수 있으므로, 미술치료사가 도와주도록 한다.

[그림 2-62] **정원 만들기**

초등학교 6학년 K 군은 친구 관계의 어려움을 호소하였다. 미술치료사는 내담 아동의 또래 관계의 어려움에 대한 탐색뿐만 아니라 최근 무지개다리를 건넌 할아버지 집에서 키우던 강아지에 대한 그리움도 함께 다루게 되었다. 할아버지 정원에서 강아지와 고양이와 함께했던 즐거움을 표현하였다.

13 감정 색 소금 화분 만들기

(1) 목표

- 애도 과정 이후 새로운 삶을 준비하기 위한 감정을 표현하고 미래에 대한 기대와 소망을 갖는다.

(2) 준비물

- 소금, 파스텔, 흰 종이, 플라스틱 재질 화분용 통(또는 유리병), 조화 또는 나뭇잎이나 나뭇가지, 클레이, 유성 매직, 입체 도구 등

(3) 작업 과정

① 애도 과정 이후 새로운 삶이 어떠하면 좋을지 이야기를 나눈다.

② 새로운 삶을 생각하면 드는 감정과 더불어 앞으로 어떤 감정이 내담자에게 남아 있었으면 좋을지 생각해 보고 그 감정에 대해 적어 본다.

③ 각 감정에 드는 색깔을 정한 후 파스텔을 종이에 그리고 소금을 문질러 각 감정 색 소금을 만들어 놓는다.

④ 감정의 크기에 따라 감정 색 소금의 양을 정한다.

⑤ 유리병에 감정 색 소금을 넣는다.

⑥ 감정 색 소금 위를 클레이로 고정한 후 그 위에 꽃을 꽂는다. 꽃은 조화 또는 주변의 자연물을 활용하여 꽃을 만들어서 꽂을 수 있다.

⑦ 다 만든 감정 색 소금 화분을 보고 느낌에 대해 이야기를 나눈다.

(4) 미술치료사의 유의점

- 파스텔이 손에 묻는 것을 싫어하는 내담자가 있을 수 있으므로 소금에 색을 입히는 과정에서 직접 손에 닿지 않게 비닐백을 활용해서 색 소금을 만들 수

있다.

- 색 소금 위에 나무나 꽃을 꽂게 되면 고정이 잘되지 않는 경우가 있으므로 클레이를 활용하여 맨 마지막 위에 클레이를 얹고 그 안에 나무나 꽃을 꽂아 고정할 수 있다.

[그림 2-63] 감정 색 소금 화분 만들기 재료

[그림 2-64] 감정 색 소금 화분 만들기

3. 후기 단계

14 스크랩북/앨범 만들기

(1) 목표

- 기존에 만들었던 작품들을 스크랩북 형태로 만들어서 작품 경험의 의미를 탐색하고, 마음속의 상실 대상을 정서적으로 재배치할 수 있는 기회를 가진다.

(2) 준비물

- 스크랩북, 기존 작품 사진들, 채색 도구, 스티커, 입체 도구, 풀, 가위 등

(3) 작업 과정

① 이전 회기에서 진행했었던 작품 사진들을 미리 준비한다.

② 그 사진들을 살펴보면서 그때의 느낌에 대해 이야기를 나눈다.

③ 작품 사진들을 여러 형태로 오리거나 변형하는 등 스크랩북에 배치한 후 붙인다.

④ 붙인 사진들에 메시지를 적거나 스티커나 입체 도구를 활용하여 꾸민다.

⑤ 각 미술 작품에서 상실 대상에 대한 감정이 어땠는지 그 변화에 대해 이야기를 나눈다.

⑥ 다 완성한 후 스크랩북 앞표지에 제목을 정한 후 적는다.

⑦ 스크랩북 작업을 통해 느낀 점에 대해 이야기를 나눈다.

(4) 미술치료사의 유의점

- 작품 사진들을 사용하여 스크랩북을 만들 때 무지 스크랩북을 활용하여 붙일 수도 있지만, 기존 상실 대상과 관련 있는 책을 선정하고 이를 변형한 스크랩북을 만들어도 좋다. 단, 정한 책이 상실 대상과 어떤 관계가 있고 거기에 대한 감정이 어떤지, 변형을 한다면 어떤 방식으로 변경하고 싶은지에 대

해서 먼저 이야기를 나누는 것이 좋다. Altered Book을 적용할 경우에는 반
드시 책 선정 시, 선정 이유나 의미에 대해 충분히 이야기를 나누는 것이 필
요하다.

• 스크랩북 크기에 따라 작품 사진의 크기도 다양할 수 있으므로, 먼저 어떤
  스크랩북을 사용할 것인지 내담자와 정하는 것이 좋다.

[그림 2-65] 스크랩북 만들기 재료

[그림 2-66] 스크랩북

[그림 2-67] 나의 메모리북 표지

[그림 2-68] 나의 메모리 북

15 추모함 만들기

(1) 목표

- 추모를 위해 상실 대상을 상징하는 작품을 만들어 추모함에 넣음으로써 상실 대상과의 연결감을 가질 수 있는 기회를 제공한다.

(2) 준비물

- 상자(꽃 선물 상자 활용 가능), 클레이 또는 지점토, 꽃 등 관련 소품들, 채색 도구, 도화지, 테이프, 드로잉 펜 등

(3) 작업 과정

① 추모함이 무엇인지에 대해 이야기를 나눈다.

② 상실 대상을 상징하는 것이 무엇인지와 추모함에 무엇을 넣고 싶은지 이야기를 나눈다.

③ 상실 대상의 실제 사진을 사용할 수도 있고 상실 대상에 대한 상징적 그림을 그릴 수도 있다.

④ 안이 보이는 상자 속에 상실 대상을 상징하는 작품들을 넣는다.

⑤ 다 완성한 후 느낌은 어떤지, 이 추모함이 주는 의미가 무엇인지에 대해 이야기를 나눈다.

⑥ 추모함을 어디에 보관하면 좋을지 이야기를 나눈다.

(4) 미술치료사의 유의점

- 추모함은 보이지 않게 안에 넣는 메모리박스 작업과는 달리, 지속적으로 상실 대상과의 연결감을 느낄 수 있도록 상실 대상의 상징물을 보이도록 넣어 두는 데 의의가 있다. 이를 통해 상실 대상을 의지할 수 있는 긍정적이고 능

동적인 자원으로 여기며 내면화하여 이후 삶을 살아갈 수 있다. 따라서 이 기법은 메모리박스 작업 이후에 상실 대상과의 연결감을 수용하고 지지 기반의 확장으로서 실시되는 것이 좋다.

- 추모함을 만들기 위한 상자는 안이 보이지 않는 상자보다는 투명한 것이 좋다.
- 작품을 다 만든 후의 느낌과 앞으로 이 상자를 어디에 보관할지 등에 대해서도 충분히 이야기 나누는 것이 좋다.

[그림 2-69] 추모함 만들기

코로나 후유증으로 시어머니를 상실한 50대 여성 S 씨는 갑자기 맞이한 상실에 애도 과정을 거치지 못하였다. 그녀는 최근에 가끔 시어머님이 생각나며 울컥하는 경험을 하게 되었고 이를 다루고 싶어 하였다. 내담자는 어버이날 어머니께 선물했던 스투키와 카네이션을 만들었고, 시립 합창단에서 공연을 하셨던 모습을 그림으로 표현했다. 이를 추모함에 넣음으로써 시어머님과의 연결감을 느낄 수 있었고, 그리움을 미술 작업을 통해 표현하게 되어 치유되는 느낌이라고 하였다.

16   나를 위한/가족을 위한 소풍

(1) 목표

- 소풍 떠나기 작업을 함으로써 상실 대상이 없더라도 남은 가족들이 함께 서로를 위로하며 새롭고 즐거운 미래를 상상할 수 있는 기회를 가진다.

(2) 준비물

- 다양한 색깔의 클레이, 플레이콘, 소풍 바구니 또는 받침, 접시, 일회용 장갑 등

(3) 작업 과정

① 소풍을 가는 모습을 상상해 본다.

② 브레인스토밍을 통해 소풍에 무엇을 가지고 갈지 적어 본다.

③ 종이 도시락이나 접시에 무엇을 넣고 싶은지 생각해 보고 클레이로 만든다.

④ 소풍에 가지고 갈 수 있는 소품들도 준비하거나 다른 매체들을 활용하여 만든다.

⑤ 소풍 바구니에 클레이로 만든 도시락과 소품들을 담는다.

⑥ 다 만든 후 느낌이 어떤지, 가족들이 같이 소풍을 가면 어떨지 이야기를 나눈다.

⑦ 미술치료사와 함께 소풍을 같이 간다고 상상하면서 역할극을 하고 느낌을 나눈다.

(4) 미술치료사의 유의점

- 어린 아동은 클레이로 정교하게 만들기 어려울 수 있으므로, 사진을 준비할 수도 있고 아주 단순한 샌드위치나 김밥을 미술치료사가 시범을 보이고 내

담자가 따라서 해 볼 수 있도록 한다. 미술치료사가 너무 정교하게 만들게 되면 만들기를 어려워하는 내담자의 경우 좌절할 수 있으므로, 내담자의 발달 수준에 맞게 시범을 보이는 것이 좋다.

- 소풍 작업을 통해 초대하고 싶은 가족이나 친구 명단을 적고 초대장을 만들거나, 상실 대상을 위한 도시락 만들기 등 소풍 작업 후 다양한 활동으로 연결할 수 있도록 한다.

[그림 2-70] **나를 위한 소풍 만들기 재료**

[그림 2-71] **나를 위한 소풍**

3. 후기 단계

17   소망을 담은 플로팅(floating) 캔들

(1) 목표

- 지난 회기를 되돌아보고, 내담자나 남은 가족들을 응원하기 위한 캔들을 만들어 봄으로써 미래에 대한 긍정적인 시각을 가진다.

(2) 준비물

- 투명 유리 용기, 캔들(캔들 만들기 키트 활용도 가능), 조화 꽃잎, 유성 사인펜 등

(3) 작업 과정

① 플로팅 캔들이 무엇인지에 대해 이야기를 나눈다.

② 어떤 소망을 담고 싶은지 이야기를 나눈다.

③ 캔들은 이미 만들어진 캔들을 사용할 수도 있고 양초 키트를 활용하여 함께 만들 수도 있다.

④ 캔들 용기에 전하고 싶은 메시지가 무엇인지 생각해 보고 이를 적는다.

⑤ 투명 유리 용기에 물을 넣고 그 위에 꽃잎이나, 띄우고 싶은 것들을 넣는다.

⑥ 물 위에 캔들을 넣는다.

⑦ 캔들에 초를 켜고 소망을 비는 의식(ritual)을 진행하고, 이에 대해 이야기를 나눈다.

(4) 미술치료사의 유의점

- 플로팅 캔들 작업에서는 캔들에 의미 있는 메시지나 소망을 적는 것과 플로팅 캔들을 통해 소망을 비는 의식(ritual) 작업이 매우 중요하다. 따라서 미술치료사는 만드는 작업에서 너무 많은 시간을 할애하지 않는 것이 좋다.
- 내담자와 불을 같이 붙이는 것도 의미가 있지만, 어린 아동은 직접 초를 들

다가 델 수도 있으므로 물 위에 올려놓는 것은 미술치료사가 직접 하는 것이 좋다.

• 양초를 직접 만들 경우, 크레파스, 왁스, 가열을 위한 도구 등이 필요하기 때문에 한 회기에 이루어지기 어려울 수 있다. 따라서 캔들 작업을 2회기에 걸쳐 진행하는 것이 좋다.

[그림 2-72] 소망을 담은 플로팅 캔들

　6개월 전 모 상실을 경험한 초등학교 1학년 P 군은 엄마가 자신을 학교에 데려다주고 오는 길에 갑자기 쓰러져서 모의 임종을 지키지 못했다. 그로 인해 초반에는 "엄마, 어디 갔어?"라고 계속 찾다가 이제는 모가 하늘나라에 간 것을 받아들이고 있다. 플로팅 캔들 작업을 하기 위해 모에게 주고 싶은 메시지를 적었고, 모를 위해 미술치료사가 도와주어 캔들에 불을 붙이고 이를 물에 띄운 후 소망을 함께 빌었다. 모가 하늘나라에서 건강하게 사셨으면 좋겠고, 자신의 꿈에 가끔 와 줬으면 좋겠다는 소망을 빌었다.

18   서로에게 의미 있는 선물하기

(1) 목표

- 종결을 준비하기 위해 미술치료사와 내담자가 서로 의미 있는 선물을 줌으로써 건강한 이별을 준비하고 서로에게 힘이 될 수 있는 시간을 갖는다.

(2) 준비물

- 다양한 색깔의 클레이, 흰색 클레이, 선물 상자, 사인펜, 미니 카드, 볼펜 등

(3) 작업 과정

① 종결을 앞두고 미술치료사와 내담자가 서로 선물을 만들어 주는 것에 대해 이야기를 나눈다.

② 클레이로 만들어 주고 싶은 선물이나 상대방 얼굴을 클레이로 만든다.

③ 선물 상자에 클레이로 만든 선물이나 상대방 얼굴을 담는다.

④ 각자 서로에게 쓰고 싶은 말을 미니 카드에 적어 선물 상자에 함께 담는다.

⑤ 애도 작업을 마치면서 느낀 점을 공유하고, 선물을 교환한다.

⑥ 미술치료사와의 이별과 앞으로 서로에게 받은 선물의 의미에 대해 이야기를 나누고 마무리한다.

(4) 미술치료사의 유의점

- 내담자가 미술치료사에게 줄 선물을 혹시 비싼 것을 사야 한다고 생각할 수 있으므로 먼저 선물을 주는 것의 의미를 미리 이야기해 보도록 한다.
- 선물 상자는 기존의 상자를 사용해도 좋고, 클레이로 미니 상자를 만들어도 좋으나, 니스나 매니큐어 등을 사용하여 상자가 형태를 잘 유지할 수 있도록 하는 것이 좋다.

• 선물뿐만 아니라 각자에게 주는 힐링 메시지를 미니 카드에 적어서 주는 것 또한 의미가 있으므로 서로에게 하고 싶은 말을 낭독하는 시간을 함께 가져 도 좋다.

[그림 2-73] 서로를 위한 선물 1

[그림 2-74] 서로를 위한 선물 2

3. 후기 단계

참고문헌

김갑숙, 김순환(2008). 초등학생의 모애착과 새둥지화 반응특성에 관한 연구. 미술치료연구, 15(3), 431-444.

위키백과 (n.d.). 무지개다리. https://ko.wikipedia.org/wiki/무지개다리

Cobb, R. (2012). *Missing mummy*. Macmillan Children's Books.

Dorn, A. (2022). *When someone dies*. PESI Publishing.

Francis, D. M., Kaiser, D., & Deaver, S. P. (2003). Representations of attachment security in Bird's Nest Drawing of clients with substance abuse disorder. *Art therapy Journal of American Art Therapy Association, 20*(3), 125-137.

Henzler, C., & Riedel, I. (2006). 치유로서의 그림 (*Malen um zu überleben*). (정여주 역). 학지사. (원저는 2003년에 출판).

Kaiser, D. H. (1996). Indications of attachment security in a drawing task. *The arts in psychotherapy, 23*(4), 333-340.

Ⅲ 애도를 위한 미술치료의 사례연구

애도는 모든 의미 있는 상실에 대한 정상적인 반응이다. 그러나 애도의 지배적인 기분은 고통스러우며 이러한 기분은 외부 세계에 대한 흥미를 상실하게 하거나 상실한 대상에 관한 기억에 몰두하게 할 수도 있고 새로운 대상에게 투자할 수 있는 정서적인 능력을 감소시킬 수도 있다. 정상적인 애도는 병리적인 것은 아니지만 때로는 치료를 필요로 할 수도 있다.

2014년에 개봉한 영화 〈우아한 거짓말〉은 엄마 현숙과 언니 만지, 막내 천지가 함께 살다가 막내 천지의 갑작스러운 죽음으로 남겨진 사람들의 이야기를 그려냈다. 자살, 따돌림 등을 주제로 다루고 있지만 무엇보다도 남겨진 가족들인 천지 엄마와 언니 만지가 천지가 없는 삶에 익숙해지기 위해 애쓰는 모습을 보여주고 있다. 특히, 아무 말 없이 떠난 동생의 비밀을 찾던 만지는 빨간 털실 속에 천지가 남기고 간 메시지가 있음을 알게 된다.

이 영화에서는 애도를 위한 치료 과정이 이루어지지는 않았지만 '빨간 털실'이라는 매개체를 통해 남겨진 가족들도 상실 대상과의 연결을 지속하면서 성장할 수 있었다. 이처럼 상실 대상과의 연결감을 지속할 수 있게 하는 것은 애도 과정에서 매우 중요하다. 따라서 이 장에서는 모를 상실한 아동과 배우자를 상실한 노인의 애도를 위한 미술치료 과정을 통해 그들의 연결감과 외상 후 성장 과정을 소개하고자 한다.

1. 모 사별을 경험한 아동의 상실감 극복을 위한 애도 미술치료 사례연구

1) 내담자에 대한 이해

내담자 C는 6세 남자 아동으로 모와의 갑작스러운 사별로 인한 정서적 어려움을 돕기 위해 아동이 재원 중인 기관에서 의뢰한 사례이다. 기관이 보고한 주 호소 문제로는 아동이 모의 사망 전에도 정서 조절이 어렵거나 혼자 삐지거나 감정 기복이 자주 나타나는 편이었으며 모의 사망 이후 정서 행동에 큰 어려움이 나타나지는 않지만, 또래들이 엄마의 손을 잡고 지나가거나 엄마와 함께한 이야기를 하면 다소 시무룩해지는 모습을 보였다고 하였다. 모의 사망 이후 때때로 무기력하거나 멍한 모습이 관찰되고 담임선생님과 1:1로 있을 때 속마음을 이야기할 때가 있다고 하였다. 또한 아동이 3월부터 진급을 하면서 새로운 반에서 새로운 선생님과 지내고 있는데 적응을 어려워하고 있으며 3월부터 현재까지 등원을 힘들어 하고 있다.

접수면접을 통해 부가 보고한 주 호소 문제로는 아동이 부와 떨어져 있는 것에 불안을 느끼고 있다고 하였다. 3월부터 새로운 반으로 올라가면서 선생님들이 전부 바뀌었는데 그때부터 등원 거부가 시작되었다. 처음 등원 거부 시, 부가 어린이집에서 일주일 정도 같이 있었으며 그 후 등원은 하지만 부와 떨어지는 것을 힘들어 하였다. 그리고 집에서는 안아 달라고 하는 횟수가 늘었으며 화장실 갈 때도 같이 가자고 하고 떨어지는 것을 싫어하는 행동이 관찰된다고 보고하였다. 또한 아동이 낯을 많이 가리는 성격이어서 친해지는 데 시간이 걸린다고 하였고 부가 옆에 있어 줘야 편안해 한다고 하였다.

주 호소 문제에 대한 근원 원인을 살펴보면, 내담자는 모와의 갑작스러운 사별로 인해 불안한 모습을 보이고 있으며 낯을 많이 가리는 성격인 데다가 3월부터 진급하여 새로운 선생님과 환경에 적응해야 하는 상황으로 인해 불안함이 가중되었다.

내담자가 미술을 좋아하기 때문에 애도 미술치료를 통해 아동이 모의 죽음에 대한 애도의 시간을 가진 후 상실감을 극복하도록 돕고 안전한 상담관계를 통해 아동에게 정서적 안정감을 제공하고자 하였다. 애도를 위한 미술치료를 통해 아동의 불안함을 감소시키고 정서 상태 및 태도가 긍정적으로 변화하였는지를 살펴보고자 하였다.

2) 애도 미술치료 프로그램

〈표 3-1〉 단계별 애도 미술치료 프로그램

단계	회기	기대 효과	주제	활동 내용	재료
초기: 라포 형성 및 애도 작업 준비	1	라포 형성과 성격 및 정서 상태 평가	그림 심리검사	• 새둥지화 • HTP 검사	연필/종이
	2	라포 형성과 성격 및 정서 상태 평가	난화 이야기	• 난화 속 연상 그림 찾기	크레파스
	3	감정 표현	감정모빌 만들기	• 다양한 감정을 색으로 표 현하기	그림책 글라스 펜 투명 반구
	4	종결에 의한 상실감 대비	작품보관함 만들기 1	• 자동차 작품보관함 • 만들기	택배 상자 풀/가위
	5	종결에 의한 상실감 대비	작품보관함 만들기 2	• 자동차 작품보관함 • 만들기	택배 상자 풀/가위
중기: 현실을 받아들이기 및 애도 작업	6	종결에 의한 상실감 대비	출석나무 만들기	• 출석스티커 판 • 만들기	도화지 마카 스티커
	7	현실을 바라보기	가족 이야기	• 콜라주 활동 • 가족 구성원 떠올리기	잡지 풀/가위
	8	현실을 바라보기	책 만들기 1	• 가족 구성원 이름 꾸미기	스팽글 반짝이 풀
	9	회상하기	책 만들기 2	• 콜라주 활동 • 가족이 좋아하는 것	잡지 풀/가위

	10	애도하기	책 만들기 3	• 콜라주 활동 • 엄마하면 떠오르는 것	잡지 풀/가위
	11	애도하기	책 만들기 4	• 가족사진 그리기	가족사진 먹지/잉크 펜
	12	애도하기	책 만들기 5	• 가족사진 꾸미기	가족사진 스티커/풀/가위
	13	애도하기	책 만들기 6	• 모를 상징하는 것 그리기	사인펜/마카
	14	애도하기	추억하기	• 모와 추억이 담긴 음식 만들기	색 클레이 빈 용기 클레이 도구
후기: 환경에 적응하기 및 새로운 삶을 준비하기	15	새로운 삶을 준비하기	엄마와 나	• 꽃 화분 만들기	소금/물감/빨대 플라스틱 컵 색 종이컵
	16	새로운 삶을 준비하기	책 만들기 7 (부자 회기)	• 콜라주 활동 • 엄마에게 주는 선물	잡지/풀/가위
	17	새로운 삶을 준비하기	여행 버킷리스트 (부자 회기)	• 콜라주 활동 • 버킷리스트 만들기	채색 도구 잡지/풀/가위
	18	종결 준비하기	자유 활동	• 여행지 사진첩 만들기	풀/가위/잡지
	19	정서 상태 평가 및 종결 준비하기	그림 심리검사	• 새둥지화 • HTP 검사	연필/도화지 새 도안/풀/가위
			자유 활동	• 지구본 만들기	투명 반구 글라스 펜
	20	새로운 삶을 준비하기	행복 표현하기	• 인형 만들기	아이스크림 막대 색 모루철사
				• 에바알머슨 작품 패러디	하드보드지 하트 스티커

3) 진행 과정

연구 참여자 대상 미술치료는 2023년 3월부터 7월까지 약 4개월간 총 20회기로 진행되었다. 초기에는 라포 형성과 정서 상태를 파악하고 애도 작업을 준비하는 데 중점을 두었으며 중기에는 종결에 의한 상실감을 대비하고 현실을 받아들이며 모를 애도하는 작업을 진행하였고, 후기에는 새로운 환경에 적응하며 새로운 삶을 준비할 수 있도록 돕는 활동을 하였다. 주요 활동으로는 책 만들기 작업을 통해서 모와의 추억을 회상하고 애도하는 작업을 진행하였고, 총 2회기에 걸친 부자 회기를 통해서 부와 함께 애도하면서 새로운 삶을 준비하는 과정을 진행하였으며 6회기와 20회기 후에 총 2회기 부모 상담을 진행하였다.

사례 종료 후 한 달이 된 시점에 팔로우업 회기를 진행하여 아동의 안부를 확인하였으며 이 사례의 자료 분석을 위해 아동의 작품과 축어록을 기반으로 작성된 일지를 분석하여 정서 및 태도 변화를 살펴보았다.

(1) 초기 단계 미술치료 (1~5회기)

초기에는 라포 형성과 애도 작업을 준비하는 활동 위주의 프로그램이 진행되었다.

1회기 새둥지화, HTP 검사 실시

그림 심리검사 새둥지화를 실시하여 애착과 관련된 가족 역동성을 파악하고, HTP 검사를 실시하여 아동의 성격 발달과 정서적 어려움이 있는지에 대한 여부를 확인하였다. 첫 회기에 만난 아동은 처음 본 치료사에게 잘 웃어 주었고 편안하게 많은 일상 이야기를 들려주어 라포 형성이 자연스럽게 이루어졌다. 대답하기 곤란한 질문은 고개를 갸우뚱하며 모르겠다는 표현을 하였고 아동의 그림 크기는 대체적으로 작았으며 필압이 약했다.

2회기 물고기 가족화

도안을 활용한 물고기 가족화를 만들어서 가족 간에 상호 관계를 파악하려 했으나 아동이 가족 이야기를 꺼내는 것을 어려워하여 진행할 수 없었다. 난화 그리기 작업은 아동이 원하는 매체와 색을 골라서 진행하였고 10개 이상의 연상되는 그림을 찾아 주었다. 아동이 찾은 이미지 중에 동물의 사체가 있는 것이 특징적이었고 이는 죽음에 대해 인지하고 있음을 나타낸 것으로 보인다.

3회기 감정모빌 만들기

3회기는 모의 죽음에 대해서 스스로 이야기하였던 치료 중 가장 의미 있는 회기였다. 이 회기에는 감정을 다룬 그림책을 함께 읽고 감정을 색으로 표현하는 감정모빌 만들기를 진행하였다. 아동에게 책을 읽어 주며 우리가 느낄 수 있는 다양한 감정에 대해서 이야기하는 시간을 가졌다. 아동과 치료사가 다양한 색으로 칠하는 중에 치료사가 파란색 부분을 칠하면서 반려견의 죽음에 대한 슬픈 감정에 대하여 이야기를 했더니 아동이 자신의 투명 반구의 파란색으로 칠한 부분을 가리키며 자신의 슬픔을 표현하였다고 이야기했고 모의 죽음에 대해 처음으로 이야기를 꺼냈다. 처음에는 감정에 대한 이야기를 하지 않고 모가 사망한 날 상황 설명만 했으나 점차 모에 대한 감정을 나누게 되었다. 더불어 현재 아동이 새 학기에 새로운 반에서 적응을 어려워 하고 있기 때문에 그로 인한 여러 감정도 이야기하면서 자연스럽게 감정을 공감해 주었다.

4~5회기 작품보관함 만들기

4~5회기에는 종결 후에도 꺼내 볼 수 있도록 계획한 작품보관함 만들기를 진

[그림 3-1] 3회기
감정모빌 만들기

[그림 3-2] 4~5회기
작품보관함 만들기

행하였다. 작품보관함의 컨셉은 아동이 좋아하는 자동차 모양으로 정했고 치료사가 준비해 간 샘플 이미지를 보고 아동이 원하는 매체와 이미지를 스스로 고르고 계획하여 진행하였다. 아동은 자동차를 구성하는 요소들에 적합한 재료를 찾아보고 꾸미는 것을 직접 결정하는 등 적극적이고 주도적으로 참여하는 모습이 관찰되었다. 아동과 빠르게 라포 형성이 되어 회기를 마친 후에 항상 치료사가 아동을 먼저 안아 주며 헤어졌었는데 5회기를 마친 후에는 아동이 치료사를 먼저 안아 주는 모습을 보여주었다.

(2) 중기 단계 미술치료(6~14회기)

중기에는 현실을 받아들이고 애도하는 작업을 진행하였다.

6회기 출석나무 만들기

6회기에는 치료사와의 종결을 미리 준비하며 상실감으로 인한 어려움을 최소화할 수 있도록 출석나무 만들기를 진행하였다. 아동은 나무 색상과 종이의 테두리를 두르고 테이프 색상을 고르는 등 주도적으로 매체를 골라서 활동하였다. 나무 그림에 채색할 곳이 많아서 아동의 요구대로 치료사가 함께 채색 작업을 했을 때 치료사와 함께 작업하는 것에 대해 흥미를 느꼈다.

7회기 잡지를 활용한 가족 콜라주

7회기에는 가족 구성원을 떠올리며 잡지를 활용한 콜라주를 진행하였다. 가족 구성원을 떠올리는 과정에서 다른 가족들과 친척까지 생각하다가 맨 마지막에 아동이 "엄마는 죽었는데……."라고 표현해서 치료사가 "엄마가 돌아가셨지만 ○○이 가족이지"라고 이야기해 주니 웃으며 고개를 끄덕끄덕하였다. 가족 구성원을 떠올릴 때 잡지를 활용하여 이미지화된 것을 보며 이야기를 나눌 수 있어서 가족 이야기에 대한 접근이 용이하였다.

8~13회기 책 만들기 1~6

8회기부터는 스크랩북을 이용하여 책 만들기 작업을 진행하였다. 8~9회기에는 가족 이름 꾸미기를 통해 가족의 구성원을 떠올려 보고 가족 구성원이 좋아하는 것을 잡지에서 찾아 붙이며 가족 구성원을 소개하는 활동을 진행하였다. 가족들이 좋아하는 것을 찾아보는 과정에서 화장품 사진을 보고 모를 떠올렸고 모가 좋아하던 황금시계를 찾다가 못 찾은 채로 아동이 좋아하는 것들만 찾아 붙인 후 회기를 마쳤다.

10회기에는 '엄마' 하면 떠오르는 것을 떠올리는 활동에서 새로운 잡지를 제공하여 지난 시간에 찾지 못한 황금시계를 찾아낼 수 있도록 도왔다. 또한 아동이 모에 대한 기억을 쉽게 떠올릴 수 있도록 준비해 간 음식 사진을 보고 모가 만들어 준 음식에 대한 이야기도 나눌 수 있었다. 11회기에는 아동이 감기로 인해 컨디션이 좋지 않았음에도 불구하고 활동에 성실하게 참여하였다. 아동이 가족사진을 먹지에 대고 따라 그려 보는 활동을 통해 모와의 추억을 회상하다가 모가 사망한 상황을 구체적으로 이야기해 주었다. 그때의 아동의 마음이 어땠는지 물어보니 무서웠다고 했고 무서워서 어떻게 했냐고 물어보니 울었다고 이야기해 주었다. 치료사는 무서웠겠다고 공감해 주고 위로해 주었다. 아동은 회기 초반에 가족 이야기만 나오면 모른다는 식의 반응이 있었는데 회기가 거듭할수록 편안하게 가족 이야기를 나눌 수 있게 되었다.

12회기에는 지난 시간 완성하지 못한 가족사진 그리기를 완성한 후 가족사진을 보고 모와의 좋았던 기억과 안 좋았던 기억을 떠올려 보았다. 아동이 모와의 다양한 추억을 회상하는 것을 통해서 현재 모는 부재하지만, 모와의 기억을 자연스럽게 추억할 수 있는 계기가 되었다. 13회기에는 치료사가 준비한 영상(5세부터 60세까지 '엄마' 하면 떠오르는 키워드를 영상으로 찍은 것)을 보고 '엄마' 하면 떠오르는 키워드를 떠올리며 모에 대한 그리움을 이야기하고 나누는 시간을 가졌다. 모에 대한 이야기를 나누는 중에 모가 자주 입었던 티셔츠를 그려 주며 모에 대해 회상하고 그리운 마음을 표현하였다. 아동과 완성된 작품을 보며 모가 그리울 때마다 우리가 만든 이 책을 펼쳐보며 모를 기억하고 그리움을 달래자고 말해 주었다.

14회기   모와의 추억 떡국 만들기

14회기에서는 지난 10회기 책 만들기 활동을 통해 이야기했었던 모와의 추억
이 담긴 떡국을 클레이로 만들어 보는 활동을 진행하였다. 아동이 모에게 만들어
줄 때를 회상하며 그릇 속에 떡을 만들어 꾹꾹 눌러 담아내는 모습이 인상적이었
다. 이번 회기에는 아동이 미술 활동을 통해서 편안하게 모를 추억하고 기억하는
작업을 할 수 있었다.

[그림 3-3] 7회기
가족 이야기

[그림 3-4] 8회기
책 만들기 1

[그림 3-5] 13회기
책 만들기 6

[그림 3-6] 14회기
엄마와의 추억

(3) 후기 단계 미술치료(15~20회기)

후기에는 아동이 환경에 잘 적응하고 새로운 삶을 준비할 수 있는 프로그램을 진행하였다.

15회기   꽃 화분 만들기

15회기에서는 아동에게 소중한 가족을 떠올리며 가족 구성원을 색으로 표현하였고 모가 그리울 때 가족과 함께 바라보며 회상할 수 있도록 꽃 화분을 만들었다. 이때 빨대로 줄기를 표현하였는데 아동이 낸 아이디어로 빨대를 고정하였고, 꽃을 다 심은 후 흙 위에도 아동이 스스로 스팽글로 꾸며 주었다. 아동에게 가족의 의미를 상기시켜 주고 가족을 향한 마음을 표현할 수 있도록 하였다.

16회기   부자 회기 1(콜라주)

16회기는 첫 번째 부자 회기로 진행하였다. 워밍업 활동으로는 침묵한 상태로 부가 아동의 그림을 따라 그려 본 후에 퀴즈처럼 맞춰보는 활동과 한 도화지에 서로 번갈아 그림을 그려 보는 셰이프 게임을 통해 아동이 부에게 수용받는 경험, 공감과 지지받는 경험을 하도록 하였다. 이 활동으로는 부와 함께 잡지를 활용하여 내일 모를 만난다면 모에게 주고 싶은 선물을 찾아보았다. 부와 아동 모두 여행지 사진을 골랐고 가족과 함께 보내는 시간을 선물하고 싶다는 것이 인상 깊었으며 갑자기 떠나보낸 모를 향한 마음이 느껴지는 회기였다.

17회기   부자 회기 2(콜라주)

17회기는 두 번째 부자 회기로 잡지를 이용하여 가족과 함께 가고 싶은 곳을 고르고 콜라주 형태로 붙인 후 꾸며 주었다. 실제로 갈 수 있는 국내 여행지를 고를 수 있는 잡지를 제공했고 활동하는 과정에서 부가 아동을 잘 맞춰 주며 적극적으로 도와주었고 아동이 잡지 속 사진을 보며 모와 갔었던 장소를 자연스럽게 이야기하게 되었고 치료사와 부도 아동의 이야기에 경청하며 공감하였다.

18회기   종결 준비

18회기는 사후 그림검사를 진행하려 했으나 평소와 다르게 아동의 저항으로 원활하게 이루어지지 않았다. 얼마 남지 않은 회기로 인해 아동의 마음이 어려워 보여서 콜라주 활동 시 모아 두었던 여행지 사진을 정리하며 이야기를 나누고 다음 시간에 사후 그림검사를 다시 해 보고 아동이 원하는 활동을 해 보기로 하였다. 아동이 치료사와 종결하는 것에 대한 아쉬움을 보여서 종결 후에도 치료사와 소통할 수 있는 방법에 대해 알려 주며 마무리하였다.

19회기   지구본 만들기

19회기는 사후 그림검사와 아동이 원하는 자유 활동으로 지구본 만들기를 진행하였다. 앞으로 종결까지 한 회기를 앞두고 있어서 아동의 아쉬워하는 마음이 느껴졌다. 종결 후 한 달 뒤에 아동이 잘 지내는지 확인차 방문할 것을 이야기하니 아동은 자신이 살고 있는 아파트 이름과 공동 현관 비밀번호를 알려 주기도 하였다.

20회기   행복 표현하기

20회기는 아동과 치료사를 상징하는 인형을 만들어 보며 지난 회기들에 대해 회상해 보고 행복했던 시간에 대해 이야기를 나누며 행복을 그린 작가 에바 알머슨의 작품을 패러디하는 활동을 진행하였다. 이 과정에서 아동은 치료사에게 농

[그림 3-7] 15회기
엄마와 나

[그림 3-8] 16회기
책 만들기 7

[그림 3-9] 20회기
행복 표현하기

담을 건네기도 하고 함께 작업하는 것에 대해 행복감을 표현했으며 편안하게 활동을 마무리하였다. 활동을 마친 후 그동안의 활동 사진을 사진첩으로 만들어 선물로 주며 지난 회기들에 대해서 자연스럽게 이야기를 나누고 종결하였다.

팔로우업 회기

종결 후 한 달이 된 시점에 팔로우업 회기를 진행하였다. 아동은 팔로우업 회기를 기대하며 자신이 원하는 채색 도구를 준비해 왔다. 종결 전에 아동이 하고 싶어 했던 활동을 진행하면서 자연스럽게 일상 이야기를 나누었다. 기관의 보고에 따르면 종결 이후 아동이 잘 지내고 있고 표정도 밝고 여러 가지 표현도 다시 예전처럼 돌아왔다고 하였다.

4) 아동의 정서 상태 및 태도 변화

(1) 그림검사에서의 변화

새둥지화 그림검사(BND)는 Kaiser의 애착평가지표(김갑숙, 2019)를 이용하여 사전·사후의 애착 수준을 비교하였다. 새둥지화(BND)에서의 변화는 〈표 3-2〉와 같다. 집-나무-사람 그림검사(HTP)의 경우 아동이 집 그림 그리기만 가능하여 이를 비교하여 〈표 3-3〉에 제시하였다.

(2) 미술 활동에서의 변화

아동은 초기에 가족에 관한 이야기를 나눌 때 고개를 갸우뚱하는 등 모르겠다는 표정으로 회피하는 일관된 태도를 보였으나 3회기부터는 모의 죽음에 대한 이야기를 시작으로 가족 이야기를 자연스럽게 꺼내게 되어 모에 대한 주제를 다룰 수 있게 되었다. 아동이 중기에 모에 관한 이야기를 나눌 때에는 "엄마는 죽었는데……."라는 표현을 종종 하고 일상 속에서 모를 표현하는 것을 어려워하였으나 후기로 갈수록 모와 함께한 추억을 회상하고 자연스럽게 모에 대해서 이야기하는 것이 가능해졌다.

또한 아동은 초기에 대체적으로 필압이 약하고 그림의 크기가 작았으나 중기 이후부터는 자신감 있게 표현하면서 그림의 크기도 커지고 필압이 강해졌다. 아동은 초기에 소극적으로 행동하며 긴장감을 가지고 활동했으나 자신이 하고자 하는 활동이나 매체를 선택하는 등 점차 적극적이고 주도적인 태도로 바뀌었다.

(3) 일상에서의 변화

부의 보고에 의하면 미술치료 이전에 모에 대한 이야기를 할 때는 아동의 마음이 힘든지 그만 얘기하자고 먼저 말하는 태도를 보였으나 이제는 가정에서도 모에 대한 이야기를 해도 덤덤하게 듣게 되었고 모에 대한 기억을 얘기할 때 "엄마가 죽기 전에"라는 표현을 하였으나 "전에 엄마랑"이라고 표현하는 등 모에 대한 태도가 변화하였다. 주 호소 문제에서 알 수 있듯이 학기 초에 아동이 등원을 거부하는 태도를 보였으나 미술치료 진행 이후 더 이상 등원을 거부하지 않고 새 학기 생활에 잘 적응해 가고 있다고 부가 보고하였다.

〈표 3-2〉 새둥지화(BND)에서의 변화

사전	사후
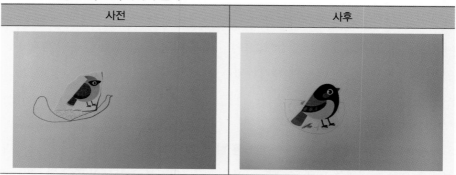	

새둥지를 그리는 형식적인 부분은 필압이 조금 향상되었고 색상을 한 가지 더 사용한 것 외에는 큰 변화가 없으나 내용적인 부분은 변화가 있었다. 사전 검사에서는 9개의 알을 품고 있는 새를 표현하였고 사후 검사에서는 반짝이는 나뭇가지와 폭신한 솜털이 들어가 있는 새둥지에 담긴 새를 표현하였다. 사전 검사와는 달리 둥지에 대한 표현이 확장되었고 둥지 내부를 부드러운 촉감의 솜털을 표현한 것으로 보아 미술치료를 통해 안정감을 경험한 것으로 해석된다.

〈표 3-3〉 **집-나무-사람 그림검사(HTP)에서의 변화**

	사전	사후
HTP의 집그림		
형식	전체적으로 필압이 약하고 제일 먼저 한 획으로 집을 그렸으며 용지 가장 왼쪽에 작게 표현하였다.	종이를 세로로 하여 빌딩 모양으로 집을 표현하였다. 사전 검사보다 강한 필압으로 그렸고 집 크기가 화면의 1/2을 차지할 정도로 크다.
내용	그림 속 집은 생략된 부분이 많고 사람이 오지 않은 집이다. 나무 두 그루 중 하나는 안개에 들어간 나무이고 나머지 한 그루(안개를 그리기 전 미리 그린 나무)는 작아서 안개에 들어가지 않는다. 나무 옆에는 만화 캐릭터가 떨어져서 혹이 나 있다. 지면 위에 나무가 서 있고 나무의 기둥은 가늘고 약해 보이며 가지는 표현하지 않았다.	그림 속 집은 50층보다 높은 집이며 불에 타지 않는 집이다. 이 집은 흔들리지 않고 지진이 나더라도 무너지지 않는다. 이 집은 층이 여러 개로 나누어져 있으며 각 층을 나타내는 숫자가 적혀 있고 층마다 사람이 다 살고 있다.
평가	약한 필압과 안개를 통해 불안한 아동의 모습을 느낄 수 있었고 집 그림의 다른 요소는 제외하고 문을 표현한 것으로 보아 관계에 대한 욕구가 있음을 알 수 있다. 또한 커다란 태양을 그려 넣음으로써 애정 욕구 및 이에 대한 좌절감이 있음을 예상할 수 있다.	집 크기가 확장되고 필압이 강해진 것과 갑작스러운 사고에도 끄떡없는 집을 표현한 것으로 보아 아동의 불안이 해소되고 안정감이 점차 회복되고 있음을 느낄 수 있다.

출처: 김정현, 박성혜(2024).

2. 배우자 사별을 경험한 남성 독거노인의 우울감 감소를 위한 애도 과정 중심의 미술치료 사례연구

1) 내담자에 대한 이해

내담자는 만 69세의 남성으로 현재 경제적 활동을 하고 있지 않으며, 종교 시설에서 제공한 빌라에서 혼자 거주하고 있었다. 종교는 기독교이며, 코로나 상황으로 인하여 주 1회 교회에 가는 것 외에는 별다른 외부 활동을 하고 있지 않고 현재 거주 지역의 노인복지관의 도움(식사 문제 등)을 받고 있다. 내담자는 아내의 갑작스러운 죽음으로 인하여 우울감과 정서적인 혼란감을 보고하고 있는 상태로 담당 사회복지사에 의해 의뢰된 비자발적 내담자였다. 초기 상담에서 내담자는 수년 동안 투병 생활을 잘 이겨 내오던 아내가 (내담자의 판단에 따르면) 담당 의사의 잘못된 판단(인공 혈관을 빨리 빼내지 않은 것)으로 갑작스럽게 죽음을 맞이하게 된 것에 대한 분노(담당 의사를 죽이고 싶다는 충동)와 억울함, 죄책감, 슬픔, 외로움 등으로 인한 정서적 혼란감을 호소하였다. 또한 식욕이 감퇴되고 무엇을 새롭게 시작하고자 하는 욕구가 생기지 않는다며 우울감을 보고하였다.

주 호소 문제에 대한 원인을 살펴보면, 오랜 세월을 함께하며 가장 가까운 정서적 지지자였던 아내와의 사별은 내담자에게 정서적 혼란 및 상실감을 가져온 것으로 보였다. 내담자는 아버지 및 형제들과의 정서적 경험이 부족하였고, 어린 시절 건강이 좋지 못한 내담자를 자상하게 돌보아 주며 정서적 지지 역할을 해 주었던 어머니는 3년 전 세상을 떠났다. 대인관계에서 부정적인 경험이 많았던 내담자에게 아내는 가장 가깝고 중요한 정서적 지지자였다. 이에 내담자는 경제적 활동을 중단하고 약 5~6년간 아내를 간병하는 데 전념하였었다. 이러한 상황에서 아내의 갑작스러운 죽음은 내담자에게 매우 큰 상실감을 느끼게 하였을 것이다. 오랜 시간 삶을 함께한 아내의 죽음은 내담자로 하여금 자신의 죽음을 인식하게 하고 소외감과 인생의 무의미함도 느끼게 한 것으로 보였다. 또한 장례식, 보

험 처리 등의 정리 작업과 교통사고로 입원한 아들을 약 2달 동안 간병하는 것 등
으로 인해 애도 과정을 충분히 경험할 기회가 없었던 것으로 파악되었다. 즉, 내
담자는 사별 후 코로나 상황에서 혼자 거주하면서 적절한 애도 과정을 거치지 못
한 채 종교적 신념에 따라 부정적 정서를 억제하려고 하는 데에서 비롯된 정서적
혼란감과 우울감을 겪고 있는 것으로 생각되었다. 이에 치료사는 지연된 애도가
편안하게 이루어질 수 있는 애도의 장을 마련하고, 내담자가 미술 작업을 통해 인
생을 되돌아보고 정리하면서 삶의 가치와 남은 인생의 목적을 발견하고 우울감이
감소될 수 있도록 미술치료 개입을 계획하였다.

2) 애도를 위한 미술치료 프로그램

이 연구의 미술치료 프로그램은 Stroebe와 Schut(1999)의 이중과정 모델(Dual
Process Model)을 기반으로 구성되었다. 이중과정 모델에 따르면 상실지향적 대처
와 회복지향적 대처로 이루어진다. 상실지향적 대처는 상실 경험 자체에 초점을
두고 슬픔의 고통을 다루는 과정을 의미하고 회복지향적 대처는 슬픔에서 벗어
나 새로운 삶을 수용하며 새로운 역할과 정체성, 그리고 사회적 관계 형성을 도모
하는 것이다. 따라서 이 연구에서 미술치료 프로그램은 내담자가 사별로 인한 부
정적인 정서를 표출하고 상실 대상을 추억하며 상실 대상과의 관계에서 미해결된
과제를 해소하는 동시에, 자신의 인생을 되돌아보며 인생의 의미를 재발견하며
새로운 삶을 계획하고 적응하는 것을 목표로 하였다.

〈표 3-4〉 회기별 프로그램

단계	회기	기대 효과	주제	활동 내용	재료
초기: 라포 형성	1	내담자 이해	사전 검사 I	• 주 호소 파악 • 문장완성검사	문장완성검사지, 필기도구
	2	사전 검사 및 라포 형성	사전 검사 II	• 그림검사 준비: 자유화 • 이야기 그림검사	A4 용지, 연필, 지우개 등

	3	라포 형성	나의 어린 시절	• 자연물을 활용한 자유화	도화지, 여러 가지 자연물(풀, 돌 등), 양면테이프, 파스넷 색연필 등
중기: 애도 작업	4	인생을 회상하고 재발견하기	인생을 회상하고 재발견하기 Ⅰ: 아내를 추억하기	• 사진 콜라주	아내와의 추억이 담긴 사진들, 풀, 가위, 도화지 등
	5	인생을 회상하고 재발견하기	인생을 회상하고 재발견하기 Ⅱ: 나의 직업	• 잡지 콜라주	잡지, 풀, 가위, 도화지 등
	6	부정적 감정 표출	내 인생의 가장 어려운 시기	• 언어 상담	색깔 점토, 파스넷 색연필, 물감, 붓, 도화지 등
	7	죽음에 대하여 재인식하기 및 감정 표출	명화 따라 그리기	• 자유화	뭉크의 그림, 물감, 붓, 도화지 등
	8	부정적 감정 표출	상자 꾸미기	• 만들기	상자, 아크릴 물감, 붓, 색깔 점토 등
후기: 새로운 삶을 준비 하기	9	새로운 삶을 준비하기	내 인생의 터널	• 만들기	도화지, 색종이, 색깔 점토, 비즈 스티커, 풀, 가위 등
	10	새로운 삶을 준비하기	아내와 함께하는 5년의 시간이 더 주어진다면	• 잡지 콜라주	잡지, 도화지, 풀, 가위 등
	11	새로운 삶을 준비하기	인생 그래프	• 만들기	도화지, 털실, 물감, 붓, 가위, 양면 테이프 등
	12	종결	사후 검사	• 이야기 그림검사 • 한국어판 단축형 노인 우울척도검사 및 문장 완성검사	A4 용지, 연필, 지우개 등

3) 진행 과정

이 미술치료 사례는 2021년 6월부터 8월까지 주 1회 60분씩 총 12회기로 진행되었다. 프로그램의 진행 방식은 주로 치료사가 활동 주제를 주도적 제안하지만, 내담자가 원하는 주제가 있을 경우 그에 따르거나 자유롭게 매체를 선택하는 방식을 병행하였다.

(1) 미술치료 초기 단계(1~3회기)

내담자는 대인관계에서 부정적인 경험이 많고 사별에 대한 타인의 위로를 '가식적인' 것으로 지각하며 미술치료에 소극적이었다. 따라서 미술치료 프로그램 초기(1~3회기)에는 내담자가 자신의 이야기를 충분히 말할 수 있도록 하면서 치료사와 라포를 형성하는 것에 중점을 두었다. 그리고 일상적 미술 매체를 제공함으로써 미술 매체에 대한 경험이 거의 없는 내담자가 미술 작업에 편안하게 다가갈 수 있도록 하였다.

1회기 사전 검사

내담자는 당뇨병과 합병증(신장 투석)으로 몇 년 동안 투병 생활을 하던 아내가 지난해 10월에 (내담자의 판단에 따르면) 의료사고로 갑작스럽게 세상을 떠나고 난 뒤 느껴지는 억울함, 분노, 후회, 죄책감, 슬픔 등을 호소하였다. 아내의 죽음 직후에는 장례식과 그 밖의 처리 사항, 교통사고로 두 달여 간 입원한 아들의 간호 등으로 아내의 죽음에 대하여 깊이 생각하지 못하였다고 하였다. 그러나 주변 상황이 정리되고 현재 주 1회 교회에 가는 것 외에는 집에서 혼자 지내면서 몇 년 동안 아내를 간병하던 일들과 아내의 죽음 직전 병원에서의 치료 과정 등이 반복적으로 떠오른다고 하였다. 내담자는 특히 분노감과 억울함에 대하여 강하게 호소하였다. 투병 생활을 잘해 왔던 아내가 의사의 실수로 갑자기 죽게 되었다며 칼로 의사를 죽이고 싶은 마음이 들 정도라고 진술하였다. 그러나 신앙(기독교)으로 그러한 감정을 억제하고 있다고 하였다. 또한 과거를 회상하는 과정 중에 '내가 이렇게 했으면 좋았을 걸.'하고 후회와 죄책감이 든다고 하였다. 내담자는 잠을 잘 자지도 못하고 식욕도 감소하였으며, 복지관에 음식을 받으러 오는 것도 귀찮을 정도로 무기력한 상태라고 보고하였다. 내담자의 주 호소 진술 후에는 문장완성검사가 진행되었는데, 내담자는 검사에 크게 거부감을 드러내지 않았고 검사 수행에 어려움 없이 스스로 검사지를 완성하였다.

2회기 자유화, 이야기 그림검사

내담자에게 12색 파스넷으로 낙서를 해 보도록 하여 미술 매체와 그림 작업에 대한 거리감을 줄일 수 있도록 하였다. 내담자는 초록색 파스넷으로 도화지에 꿩, 토끼 등을 그리거나 생각나는 한자를 적어보며 미술 작업에 대한 준비를 하였다. 물질적으로 풍요롭지 않았던 과거에 대하여 이야기하거나, 한자의 오묘함과 복잡함에 대하여 설명하기도 하였다. 이어서 진행된 이야기 그림검사에서 내담자는 파이프를 입에 물고 있는 남자와 나무 그림 카드를 선택하여 그림을 그렸다. 검사지 상단 왼쪽에 나무를 그리고 그 옆에 남자의 상반신을 그렸다. 나무 아래에는 토끼를 그리고 그 옆에 사람 전신상을 그렸다. 기분은 '매우 좋다'고 표시하였다. 첫 번째 글은 "나무 그늘 밑에서 동물들이 깃들어 노는 모습이 보기가 너무 좋다." 이고 제목은 〈나무 그늘〉이다. 두 번째 글은 "어른하고 아기들이 함께하는 그 시간이 가장 즐겁다."로 제목은 〈어른과 아이〉이다. 그리고 시조는 '나무가 아무리 조용하고자 해도 바람이 멈추지 않고 자녀가 효도하고자 해도 어버이가 기다려 주지 않는다'이다. 내담자는 아버지가 30여 년 전에, 어머니가 3년 전에 돌아가셨다며, 이 시조가 마음을 울린다고 하였다. 이어서 아내의 죽음에 대하여 이야기하며 사람의 말뿐인 위로는 가식적이고 진정한 위로가 되지 않으며, 하나님만이 위로해 주실 수 있다고 하였다. 그리고 친지에게 서운하였던 일, 아내를 간병하면서 후회되는 일 등에 대하여 진술하였다. 아내의 죽음은 갑작스러운 교통사고나 암과 같은 불치병처럼 불가항력적인 것으로 인한 죽음이 아니기 때문에 원통하다고 하였다. 충분히 건강히 살 수 있는 사람이 의사 때문에 죽었다며, 마지막 담당 의사에 대한 분노감을 표현하였다. 그리고 '원통함'을 하나님이 풀어 주시기를 기도 한다고 하였다. 내담자는 상담 시간이 지나도 아내의 죽음에 관한 이야기를 멈추지 않았고 상담은 20분 정도 초과하여 마무리되었다.

이야기 그림검사에서 주변인의 죽음으로 인한 인생에 대한 허무감, 소외감의 정서가 표현되었다. 그리고 아내의 죽음에 대한 여러 가지 혼란스러운 감정 중 분노감이 가장 크게 표면화되어 언어로 표현되었다.

3회기 나의 어린 시절

치료사는 자연물(꽃, 여러 가지 풀, 돌 등)과 도화지 등을 준비하여 내담자가 어렸을 때 살았던 마음을 표현해 보도록 안내하였다. 내담자는 자연물을 바라보다가 손으로 만지고 살폈다. 준비된 자연물들의 이름을 떠올려 보려고 하였고 개복숭아로 술을 담았다는 것, 싸리나무로 빗자루나 지게 받침을 만들어 사용했다는 것 등을 이야기하였다. 자연물(노란 꽃, 하얀 꽃, 개복숭아, 싸

[그림 3-10] 3회기 〈충남 ○○ 고향산천〉

리 나뭇가지 등)을 골라 도화지 상단에 일렬로 배열하고 저수지와 산을 그렸다. 내담자는 작업을 하며 개구리와 뱀을 잡던 일, 낚시하던 일, 산에서 땔감을 구하던 일 등 어린 시절에 대하여 이야기하였다. 그리고 어린 시절이 살기 어려운 시절이었지만 화목했다고 회상하였다. 내담자는 작품의 제목을 〈충남 ○○ 고향산천〉이라고 하였고, 감상으로 '옛날 회상해 보니 감개무량'이라고 적었다.

이 회기에서 내담자는 미술 매체에 의해 감각이 일깨워지고 과거를 현재의 관점에서 긍정적으로 재인식하는 과정을 경험한 것으로 평가되었다. 사회적 접촉이 거의 없이 집에서 혼자 지내면서 상실 대상이 된 아내에 대하여 반추적 사고를 하는 내담자의 생활 패턴에 변화를 주고 에너지를 활성화하기 위하여 만다라 과제를 주었다. 하루에 한 장씩 만다라를 하고 그 아래 사용한 색깔의 순서와 쓰고 싶을 글을 적도록 하였다. 미술 작업이 생소한 내담자가 적응할 수 있도록 만다라 도안은 단순한 것에서 점차 복잡한 것으로 준비하였다. 그리고 치료사는 내담자

에게 아내와 함께한 사진들을 다음 회기에 가져올 수 있도록 안내하였다.

(2) 미술치료 중기 단계(4~8회기)

미술치료 중기(4~8회기)에는 내담자가 상실 대상이 된 아내와의 삶을 추억하고 상실의 고통을 표출하는 상실지향적 대처의 애도를 위한 미술치료 프로그램으로 구성되었다. 이때에는 활동을 아내와의 삶을 추억하는 것에 제한하지 않고 내담자 자신의 전체 과거를 회상하고 정리하는 작업이 이루어질 수 있도록 하였다.

4회기   사진 콜라주(아내를 추억하기)

내담자는 일주일 동안 작업한 만다라를 치료사에게 제출하였고, 만다라 작업이 안 해 보던 일이라 어색했다고 하였다. 치료사는 내담자가 준비한 사진들을 복사하여 내담자가 그것들로 콜라주 작업을 할 수 있도록 하였다. 내담자는 아들의 100일 사진, 연애 시절 아내와 찍은 사진, 아내와 여행 중 찍은 사진, 아들의 대학 졸업 사진 등을 4절 도화지에 콜라주 작업을 하였다. 특히 아들의 대학 졸업 사진을 보며 내담자는 매우 흐뭇해 하였고, 연애 시절 아내와 어떻게 데이트했었는지, 젊은 시절 아내의 모습, 아내가 좋아하던 음식 등에 대하여 이야기하였다. 내담자는 아들의 사진을 보며 "이 애기가 이제 40이 됐으니……."라고 하며 40년 세월이 금방이라고 하였다. 치료사가 작업물을 세워서 보여 주며 어떤지 물어보자, 내담자는 미소를 지으며 "아주 느낌이 좋네."라고 하였다. 내담자는 그동안 사진을 보면 괴로워서 안 봤는데, 이제 사진을 보면서 추억도 새기고 그래야겠다고 하였다. 작품의 제목은 〈우리 가족 20~40년 전 사진전〉이라고 하였고 '오래전 사진을 보고 그 옛날을 회상해 보니 마음이 흐뭇하고 감회가 새롭고 보기가 참으로 좋다.'라고 감상을 적었다.

그동안 사진을 보면 괴로워서 보지 않았다는 진술에서 상실 대상의 부재를 부정하고 회피하고 싶었던 내담자의 정서가 드러났다. 그러나 이 회기에서 사진 콜라주 작업을 하며 내담자는 상실 대상과의 삶을 추억하는 동시에 긍정적으로 재평가할 수 있게 되었다.

5회기 콜라주(나의 직업)

5회기에서 '직업'을 주제로 잡지 콜라주 작업을 하였다. 내담자는 잡지에서 몇 년 전 신종 플루로 아들을 잃은 한 남자 연예인 사진을 발견하고, 그 연예인이 텔레비전에 나와서 "그렇게 울더라."고 이야기하였다. 또 "9년이 지나도 그렇게 안 잊히나 봐."라고 하였다. 치료사가 "자녀를 잃었으니까요."라고 하자 내담자는 배우자를 사별한 아픔이 더 크다고 들었다고 하였다. 내담자는 잡지에서 화장품, 채소, 성인 남성 등의 이미지를 가위로 오려서 콜라주를 완성한 후 자신이 농산물 유통과 관련된 사업을 하였다고 이야기하였다. 매우 바쁘게 열심히 일했지만, IMF로 사업이 어려워졌다고 하였다. 다시 일을 하고 싶은 마음이 있는지에 대한 질문에 몸도 아프고 자신이 했던 일이 힘든 일이어서 이제는 하기 싫다고 내담자는 대답하였다.

작품의 제목은 〈농산물과 네트워크 사업 비전 돈을 쓰면서 돈을 버는 프로슈머 마케팅〉으로 지었고, '1980~1990년대 30~40대, 그때는 열정적으로 사업을 잘했던 것을 자신에게 칭찬할 만하다.'라고 감상을 적었다.

내담자는 사별을 경험한 타인의 이야기를 통해 스스로 공감적 위로를 얻는 모습이 나타났다. 그리고 열심히 일하였지만, 사업을 성공적으로 이끌지 못하였던 자신의 과거를 수용하고 긍정적 의미를 발견하는 작업이 이루어졌다.

6회기 내 인생의 가장 어려운 시기

'가장 힘들었던 시기'를 그림 또는 색깔 점토로 표현해 보자는 치료사의 제안에 내담자는 색깔 점토를 몇 분간 주무르고 동그랗게 만들기도 하며 탐색하였다. 그리고 미술 작업을 하지 않고 말로 하겠다며 경제적으로 힘들었던 어린 시절을 회상하였다. 그때가 인생에서 가장 힘든 시기였는지에 대한 물음에 내담자는 그때는 다들 힘들었다며 가장 힘든 시기는 '지금'이라고 하였다. 아내의 투병 생활과 병원에서 죽음을 맞이하기까지의 과정, 죄책감, 억울함,

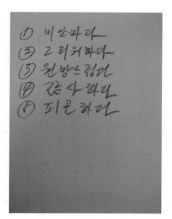

[그림 3-11] 6회기 감정 순위

분노 등을 약 30분간 진술하였다. 그리고 마지막에 신앙인으로서 '하나님'께 맡기고 이제 남은 인생을 많은 사람들에게 '주님'을 전하면서 살아야겠다고 하였다. 치료사는 감정 어휘 목록을 제시하며 현재 마음 가운데 가장 크게 차지한 감정 다섯 가지를 차례로 적어 볼 것을 제안하였다. 내담자는 '미안하다' '그리워하다' '원망스럽다' '감사하다' '피곤하다'를 차례로 적었다. 미안한 마음이 가장 크고 그다음이 그리운 마음인지 질문하자 내담자는 그렇다고 대답하며 눈시울을 붉혔다. 어떤 점에서 감사한 마음이 드는지 묻자 "그래도 천국에 가서 다시 만날 것을 생각하면 감사하다."라고 대답하였다. '피곤하다'의 의미에 대한 질문에 내담자는 아내를 간병하는 것이 매우 힘든 일이라고 하며 느꼈던 피로감을 표현하였다.

내담자는 '지금-여기'에서의 감정을 마주하고 언어로 표현하며 구체화하였다. 죄책감이 분노감 대신 가장 크게 표면화되었고 상실 대상을 간병하며 느꼈던 피로감이 새롭게 인식되고 표현되었다.

[그림 3-12] 7회기 명화 따라 그리기

7회기 명화 따라 그리기

지난 일주일을 어떻게 보냈는지 질문하자 내담자는 1년 전 이때를 생각했다고 대답하였다. 1년 전 '오늘'이 아내가 투석하러 병원에 간 날이라고 하였다. 치료사는 화가 뭉크의 작품 사진들을 보여 주며 죽음과 질병으로 고통받았던 뭉크의 일생과 그것이 작품에 어떻게 표현되었는지, 그리고 후기의 작품에서 어떤 변화가 있었는지를 이야기하였다. 이에 내담자는 바이든 미국 대통령이 교통사고로 아내와 자녀를 잃은 후 그 상처를 극복하고 78세의 나이에 미국 대통령이 되었다고 말하였다. 치료사는 뭉크의 작품 사진 중 하나를 골라서 따라 그리거나 변형하여 그려 보도록 안내하였다. 내담자는 붓에 물감을 묻혀 도화지에 칠해 보며 매체를 탐색한 후, 뭉크의 〈죽은 어머니와 아이〉라는 작품 사진을 골라 작업을 하였다. 〈죽은 어머니와 아이〉라는 작품이 침대에 누워 투석하던 아내를 떠오르게 하였다고 하였다. 내담자는 침대에 누워 있는 아내와 그 옆의 자신, 의사와 간호사들을 그렸다. 그리고 아내의 죽음 과정을 다시 말하였다. '최종적인 원인은 의사에게 있었지만'이라고 단서를 짧게 단 후, 그 과정 중에 있었던 자신의 잘못들을 중심으로 진술하였다. 그리고 자신이 아내의 대소변을 치우면서 한 번도 짜증을 낸 적 없었다는 등 어떻게 간병했었는지를 이야기하며 "갓난아기 돌보듯이 그렇게 했었는데……."라고 하였다. 치료사가 죄책감이 가장 힘든 것인지 질문하자 내담자는 그렇다고 하였다. 1년 전 '오늘'이 아내가 투석하러 병원에 간 날이라고 하였던 내담자의 진술은 침대에 누워 투석하던 아내를 그리는 것으로 이어졌다. 그리고 아내의 죽음을 자신의 탓으로 돌리는 죄책감이 구체화하는 동시에 간병에 최선을 다한 자신에 대한 면죄의 욕구도 표출되었다.

8회기　상자 꾸미기

치료사는 지난 회기의 작품을 보여 주며 '미안함' '죄책감'이 제일 힘드신 것 같다고 하였다. 내담자는 그렇다며 아내의 죽음 과정을 다시 진술하기 시작하였다. 치료사는 이야기의 주제를 미술 작업으로 전환시키며 상자를 꾸미고 그 안에 아내에게 미안한 일들을 담아 보자고 하였다. 내담자는 상자를 하얗게 칠하고 빨간색, 초록색, 노란색 물감으로 네모, 동그라미, 세모 등의 무늬를 넣었다. 그리고 상자 윗

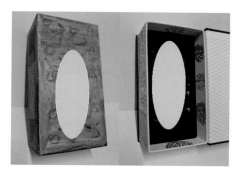

[그림 3-13] 8회기 〈천국소망: 천국 먼저 가 있는 것을 축하합니다. 다시 만날 때까지 평강〉

면과 안에 한자로 '축 ○○○'이라고 아내의 이름을 적었다. 천국에 간 것을 축하하는 의미라고 하였다. 치료사는 머리로는 축하하는데 마음이 그렇지 못한 것 같다고 하였다. 내담자는 아내가 '고생만' 하다가 가서 그렇다고 하며 마음이 생각처럼 안 된다고 하였다. 그리고 의사에 대한 원망을 다시 토로하며 '하나님'께 '선악간'에 판단해 주시기를, '그 의사'가 자신의 잘못을 깨닫기를 기도하지만 '그렇게 되겠느냐?'라고 하였다. 그리고 죄책감이 드는 일들에 대하여 다시 진술하기 시작

하였다. 치료사는 내담자가 최선을 다하였고 '하나님'이 아니기 때문에 완벽할 수 없으며 아내의 죽음 역시 '불가항력적'인 것이었다고 반응하였다. 내담자는 치료사의 말에 대답하지 않고 조용히 듣기만 하였다. 작품의 제목은 〈천국소망: 천국 먼저 가 있는 것을 축하합니다. 다시 만날 때까지 평강〉이라고 하였다.

내담자는 치료사가 제안한 주제와 다른 방향으로 작업을 진행하였다. 내담자의 작품은 장례식의 관이 연상되게 하며, 작품의 제목 역시 장례 의식을 떠올리게 한다. 내담자는 이 회기의 작업을 통해서 상실 대상과의 이별 의식을 치르게 된 것으로 보이며, 이는 폭이 좁고 어두운 색상의 상자 이미지가 내담자의 내면세계와 접촉하였기 때문으로 생각된다.

이 회기에서 내담자는 '의사'에 대한 원망과 분노감을 재진술하는 것이 관찰되었다. 종결이 다가옴에 따라 치료사는 좀 더 적극적으로 개입해야 할 필요성을 느꼈고, 이에 1회기 때 내담자가 아내의 죽음이 '불가항력적인 것이 아니다'라고 하였던 표현을 가져와서 '불가항력적인 것'이었다고 다른 관점을 제시하였다. 그리고 죄책감과 면죄의 욕구 사이에서 혼란스러워 하는 내담자에게 "당신은 최선을 다했다."라는 메시지를 전달함으로써 혼란감이 감소할 수 있도록 돕고자 하였다.

(3) 후기 단계 미술치료(9~12회기)

후기(9~12회기)에는 회복지향적 대처 과정으로, 슬픔에서 벗어나 상실 대상이 없는 새로운 삶으로의 적응을 준비하는 작업을 진행하였다. 치료사는 내담자가 미술 매체를 충분히 탐색하고 자신의 감정을 인식하고 표출할 수 있도록 심리적·물리적 환경을 제공하였고 내담자의 작품을 함께 감상하고 소통하며 내담자의 자기 인식과 객관화에 보조적 역할을 수행하였다.

9회기   내 인생의 터널

치료사는 '지금'이 인생의 가장 힘든 시기라고 했던 내담자의 말을 상기시켰다. 그리고 사람들이 인생을 '길', 인생의 어두운 시기를 '터널'로 비유하는 것을 설명하고 도화지가 내담자의 터널 속이라고 생각하고 그 풍경을 표현해 보도록 안내

하였다. 내담자는 색종이의 색깔들을 음미하다가
검은색, 노란색, 초록색, 자주색 색종이로 네모,
동그라미, 하트 모양을 만들어 어두운 입구와 출
구를 향해 점점 밝아지는 터널을 표현하였다. 치
료사는 자신을 상징하는 것을 만들어서 현재 터
널의 어디 쯤에 와 있는지 붙여 보자고 제안하였
다. 내담자는 파란색 색종이로 사람 형태를 만들
어서 입구로부터 터널의 2/3 지점에 붙였다. 터널

[그림 3-14] 9회기 〈내 인생의 가장 어려운
시기를 2/3쯤 지나고 있다〉

은 동굴과 달리 통과하는 것이니까 희망이 있기 때문에 밝게 표현했다며 올해 1년
정도 더 있으면 (아내의 죽음이) 잊힐 것 같다고 하였다. 그리고 외로움에 대해 주
로 진술하며 위로해 줄 수 있는 존재는 '주님' 밖에 없다고 하였다. 이어서 치료사
가 지난 회기에서 말한 '불가항력적'인 것에 생각해 보았는데, 그 말이 옳다고 하
며 '어둠의 세력'에게 '불가항력적'으로 당한 것이라고 하였다. 작품의 제목은 〈내
인생의 가장 어려운 시기를 2/3쯤 지나고 있다〉이다. 내담자는 자신에게 해 주고
싶은 말로 "어려운 가운데서도 극복하고 이렇게 전진하는 모습이 정말 자랑스럽
다."라고 하였다.

내담자는 상실 대상의 죽음에 대한 관점을 전환하며 부정적인 감정들이 감소된
모습을 보였으며, 사별의 슬픔에서 벗어나서 새로운 삶을 준비하고자 하는 인식
이 드러났다. 그리고 외로움의 정서가 가장 부각되어 나타났다.

10회기 콜라주(아내와 함께하는 5년의 시간
이 더 주어진다면)

'아내와 함께하는 5년의 시간이 더 주어진다면'
이라는 주제로 잡지 콜라주가 진행되었다. 내담
자는 약 30분간 잡지를 꼼꼼하게 살폈다. 그리고
겨울 코트, 국수 음식, 식탁, 산, 해변, 기초화장
품, 립스틱 사진 등을 붙이며 아내에게 해 주고 싶

[그림 3-15] 10회기 〈살아 있으면 희망찬
미래를 향한 5년간 계획〉

었던 것, 함께하고 싶었던 일, 해 주지 못해서 후회되는 것들을 표현하였다. 그리고 아내가 갑자기 세상을 떠나 해 주지 못하게 되어 '한'이 된다고 말하였다. 치료사가 작품을 보며 아쉬움을 '아주 조금이라도' 채우셨으면 좋겠다고 하자, 내담자는 대답 없이 작품을 보았다. 내담자는 작품의 제목으로 〈살아 있으면 희망찬 미래를 향한 5년간 계획〉이라고 종이에 적었다.

이 회기는 후회와 아쉬움이 남는 인생의 한계를 직면하고 수용함으로써, 내담자에게 남아 있는 인생으로 전진할 준비가 되는 작업이었던 것으로 보여졌다.

[그림 3-16] 11회기 인생 그래프

11회기 인생 그래프

내담자는 '유소년기, 청소년기, 20~30대, 40~50대, 60대~현재, 미래'를 하얀색 털실로 형태를 만들어 표현하고 털실을 물감으로 칠하였다. 완성된 작품을 보며 내담자는 '병풍' 같다며 웃음을 지었다. 작품에 노란색과 초록색을 많이 사용하였음을 지적하자 내담자는 그 색들이 "밝고 좋다."라고 하였다. '유년기'와 '청소년기', '청소년기'와 '20~30대' 사이에는 실이 연결되어 있지 않고 잘려진 이유에 대하여 질문하자 자르지 않고 이어서 할 수 있다는 것을 빨리 알았다면 자르지 않았을 것이라고 하였다. 내담자는 '어린 시절'은 시골에 살아서 산과 들 같은 것을 표현하였다고 하며 그 시절이 힘들지만 좋았다고 하였다. '20~30대'에는 결혼도 하고 사업도 시작하며 평탄하게 지나갔다고 하였다. '40~50대'에 대해서는 아내가 혈액암에 내담자 자신도 직장암에 걸렸지만, 결국 잘 극복하였기 때문에 위에는 노란색과 초록색으로, 아래는 검은색으로 표현했다고 하였다. 그리고 '60대'는 아내가 질병으로 계속 힘들었기 때문에 검은색으로 칠했다고 하였다. '미래'는 윗부분에 사람들을 표현한 것이라며 많은 사람을 '주님'께로 인도하고 싶다고 하였다. 딸을 잃은 사람이 절망 가운데서 다시 일어서서 자선 활동을 하는 사람의 이야기를 하며 자신도 그렇게 하고 싶다고 말하였다. '이런 일'을 겪으면서 인생의 허무

함을 깨닫게 되고 죽음이 두렵지 않게 되었다고도 하였다. 그리고 해외에 가서 직접 선교할 수는 없지만 적은 돈이라도 기부 하면서 살고 싶다고 하였다.

회기를 마무리할 때 내담자는 지인이 운영하는 사업체에 일하러 다니기로 하였다며 종결에 대하여 말하였다. 그동안 상담을 하며 어땠는지 질문하자 내담자는 집에서 만다라 작업을 하면서 집중하고 잡념을 잊을 수 있었고 규칙적으로 나와서 활동을 하니 좋았다고 대답하였다.

내담자는 '실'이라는 매체가 가지는 연속성, 유연함의 특성을 이용하여 삶의 연속성과 역동성을 작품에서 창의적으로 표현하였다. 그리고 작품에서 과거의 삶뿐만 아니라 미래에 대하여도 긍정적이고 구체적으로 표현하며 인생 전체에 대하여 정리하는 작업이 이루어졌다. 작품에서 나타난 이러한 변화는 내담자가 실질적으로 일을 시작하며 일상생활로 복귀할 준비를 하는 것으로 이어졌다.

12회기 사후 검사

3주 만에 만난 내담자는 그동안 바쁘게 지냈고 입병이 나서 음식을 잘 먹을 수 없었기 때문에 몸이 좀 좋지 않다고 하였다. 치료사가 만다라 작업을 매일 하다가 안 하게 되어 허전하지는 않았는지 질문하자 내담자는 바빠서 그런 생각을 할 틈이 없었다고 대답하였다. 내담자는 이야기 그림검사에서 14개의 A형 자극카드 중 파이프를 입에 문 남자와 웨딩드레스를 입은 여자를 골랐다. 그리고 여성과 남성이 해와 별, 구름을 배경으로 공중에서 손을 잡고 있는 그림을 그린 후에 이야기를 적었다. 이야기의 제목은 〈희망찬 미래에 대한 소망〉이며 글의 내용은 '잠시 잠깐 사는 이 세상 수고 끝내고 영원한 안식처인 천국에 입성하여 주님 품에 안기고 아내와 함께 얼싸안고 춤을 추며 주님께 영광과 감사 찬양하는 그날을 기약하며 늘 이세상 사는 날까지 기쁨이 넘치는 삶을 영위하기 원합니다'이다. 내담자는 나중에 천국에서 아내를 만나서 손을 잡고 기뻐하는 모습을 그렸다고 하였다. 치료사가 그림을 보고 마주 보며 웃는 얼굴이 참 보기 좋다고 하자 내담자는 그림을 보며 웃었다. 내담자는 아내가 2년 정도 항암 치료를 하며 머리카락이 많이 빠졌었다고 하였다. 그리고 그렇게 어려운 고비들을 넘겼는데 '불가항력적'으로 아내가 갑자기 떠났다고 하였다. 내담자는 천국에서 아내를 만날 날을 기다리면서 남은 인생을 주님을 위해 사는 것이 소망이라고 하였다. 이어서 약 20분에 걸쳐 한국어판 단축형 노인우울척도검사와 문장완성검사가 진행되었다.

내담자는 미술치료를 통해 애도 과정을 경험하며 우울감이 감소되고 일상생활로 복귀하여 새로운 인생의 목표를 가지고 삶을 살아가기 시작한 것으로 보여졌다.

4) 내담자의 정서 상태 및 태도 변화

(1) 척도에서의 변화

한국어판 단축형 노인우울척도 사전 검사에서 내담자의 점수는 7점으로 '우울 증후군'에 해당하였다. 그러나 사후 검사에서의 점수는 3점으로 정상 수준에 속하였다. 따라서 미술치료를 통해 우울감이 감소되었음이 확인되었다.

〈표 3-5〉 한국어판 단축형 노인우울척도 점수 변화

	사전	사후
점수(총 15점)	7점	3점

(2) 그림검사에서의 변화

내담자는 이야기 그림검사에서 정서상 내용 점수가 4점에서 5점으로, 자기상 내용 점수가 4점에서 5점으로 변화하였다. 사전에 이루어진 이야기 그림검사에서 공격적이고 파괴적인 심리가 드러나지는 않았으나, 가까운 사람들의 죽음을 경험하며 인생의 무상함과 외롭고 쓸쓸함이 나타났다. 그러나 사후의 이야기 그림검사에서는 아내의 죽음을 수용하고 자신의 남은 인생에 대한 긍정성과 희망이 표현되었다. 이로 보아 내담자는 미술치료를 통해 우울감이 감소되었고 사별 후 새로운 삶으로 적응되었다고 볼 수 있다.

〈표 3-6〉 그림검사에서의 변화

	사전	사후
그림		
이야기	첫 번째: 나무 그늘 밑에서 동물들이 깃들어 노는 모습이 보기가 너무 좋다. 두 번째: 어른하고 아기들이 함께하는 그 시간이 가장 즐겁다. 세 번째: (시조) 나무가 아무리 조용하고자 해도 바람이 멈추지 않고 자녀가 효도하고자 해도 어버이가 기다려 주지 않는다. 기분은 '매우 좋다'고 체크되었다.	이야기의 제목은 〈희망찬 미래에 대한 소망〉이다. 내담자는 그림의 이야기를 '잠시 잠간 사는 이 세상 수고 끝내고 영원한 안식처인 천국에 입성하여 주님 품에 않기고 아내와 함께 얼싸않고 춤을 추며 주님께 영광과 감사 찬양하는 그날을 기약하며 늘 이세상 사는 날까지 기쁨이 넘치는 삶을 영위하기 원합니다'라고 적었다. 내담자는 나중에 천국에서 아내를 만나서 손을 잡고 기뻐하는 모습을 그렸다고 하였다. 기분은 '매우 좋다'고 체크되었다.
평가	<table><tr><td>구 분</td><td>점 수</td></tr><tr><td>정서상 내용 점수</td><td>4점</td></tr><tr><td>자기상 내용 점수</td><td>4점</td></tr><tr><td>유머 사용 점수</td><td>4점</td></tr><tr><td>총 점수</td><td>12점</td></tr></table>	<table><tr><td>구 분</td><td>점 수</td></tr><tr><td>정서상 내용 점수</td><td>5점</td></tr><tr><td>자기상 내용 점수</td><td>5점</td></tr><tr><td>유머 사용 점수</td><td>4점</td></tr><tr><td>총 점수</td><td>14점</td></tr></table>

(3) 미술 작업, 만다라 작업 및 일상생활에서의 변화

애도 과정으로서의 미술 작업과 만다라 작업에서 창조적인 활동은 변화되어 갔으며, 이러한 변화는 우울감 감소 및 일상생활의 변화와 함께 나타났다. 그 결과는 〈표 3-7〉과 같다.

〈표 3-7〉 미술 작업, 만다라 작업 및 일상생활에서의 변화

		초기(1~3회기)	중기(4~8회기)	후기(9~12회기)
미술 작업 에서의 변화	주제	• 주 호소 파악 및 문장완성검사 • 이야기 그림검사 • 나의 어린 시절	• 아내를 추억하기 • 나의 직업 • 내 인생의 가장 어려운 시기 • 명화 따라 그리기 • 상자 꾸미기	• 내 인생의 터널 • 아내와 함께하는 5년의 시간이 더 주어진다면 • 인생 그래프 • 한국어판 단축형 노인우울척도검사, 문장완성검사 및 이야기 그림검사
	작업 과정	• 언어 상담 • 연필, 파스넷 색연필 및 자연물 등 접근이 쉬운 일상적 미술 매체를 사용한 그리기 작업	• 언어 상담 • 사진, 잡지를 활용한 콜라주 • 통제성이 좀 더 어려운 붓과 물감을 사용하여 그리기 작업	• 언어 상담 • 잡지 콜라주와 색종이, 실, 가위 등을 이용한 입체 작업
	의미 발견	• 아내의 죽음과 그에 대한 정서적 혼란감을 언어로 구체화하여 표현 • 일상적 미술 매체 탐색과 창의성 자극	• 아내의 죽음에 대한 반추적 사고의 전환 모색 • 지금까지의 인생에 대한 회상, 과거를 수용하고 긍정적 의미 발견 • 아내의 죽음을 재경험하고 이별하는 의식 • '지금-여기'의 감정을 탐색하고 인식	• 인생의 한계를 수용하는 한편, 아내의 죽음 이후에도 삶은 계속된다는 것을 인식 • 아내가 존재하지 않는 새로운 삶을 계획하고 적응 시도 • 높은 에너지 수준을 요구하는 입체 작업을 하며 에너지 활성화

	정서 인식 및 표출 과정	1~5회기 분노, 억울함	⇒	6회기 죄책감, 피곤함	⇒	7회기 죄책감, 면죄 욕구	8~9회기 소외감, 고립감	⇒	10회기 아쉬움	11회기 인생에 대한 긍정성, 희망

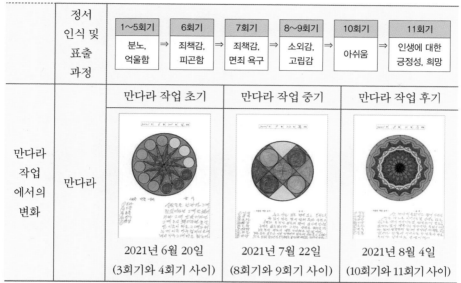

만다라 작업에서의 변화	만다라	만다라 작업 초기	만다라 작업 중기	만다라 작업 후기
		2021년 6월 20일 (3회기와 4회기 사이)	2021년 7월 22일 (8회기와 9회기 사이)	2021년 8월 4일 (10회기와 11회기 사이)

출처: 김소희, 곽진영(2022).

 참고문헌

김소희, 곽진영(2022). 배우자 사별을 경험한 남성 독거노인의 우울감 감소를 위한 애도 과정 중심의 미술치료 사례연구. 미술심리치료연구, 1(2), 63-86.

김정현, 박성혜(2004). 모 사별을 경험한 아동의 상실감 극복을 위한 애도 미술치료 사례연구. 미술심리치료연구, 3(2), 23-41.

부록

부록 1: 애도를 위한 셀프 활동지

1. 내 상실 대상의 이름을 자신이 원하는 대로 표현해 보세요. 자신이 원하는 대로 상실 대상의 이름을
   적거나 그림으로 그려 꾸며 보세요.

2. 상실 대상을 떠올렸을 때 후회로 남는 기억이나 사건들을 이 구름 안에 가득 채워 보세요.

3. 상실 대상에게 당신의 오늘 하루에 대해 이야기해 주세요. 만화 형식으로 빈칸을 채워 보세요.

4. 상실 대상을 떠올릴 때 기억에 남는 노래나 음악이 있나요? 그 음악을 지금 들을 수 있다면 음악을 틀고 머릿속에 떠오르는 대로 이 장을 채워 보세요. 글을 적거나 그림을 그려 보세요.

5. 당신의 마음은 오늘 어떻습니까? 오늘 자신의 마음을 나타내는 색을 골라 색칠하거나 그림을 그리거나 글로 적어 보세요.

6. 연필이나 다양한 채색 도구를 활용해 이 장을 슬픔으로 가득 채워 보세요.

7. 상실 대상에게 묻고 싶은 세 가지 질문이 있다면 그 내용을 아래 말풍선에 적어 보세요.

8. 상실 대상에게 하고 싶은 이야기가 있다면 아래 말풍선에 적어 보세요.

9. 상실 대상과 찍은 사진들 중 마음에 드는 사진을 골라 아래 사진틀에 그려 보세요.

10. 당신에게 편지를 적어 보세요.

11. 당신의 신체에서 슬픔을 느끼는 부분은 어디인가요? 당신이 슬픔을 느끼는 그 신체 부분은 무슨 색
인가요? 어떻게 보이나요? 그림으로 그리거나 색으로 표현해 보세요.

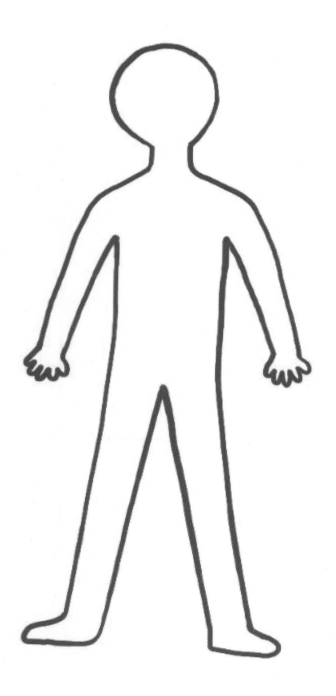

12. 자신을 돌보기 위해 할 수 있는 활동으로 어떤 것들이 있나요? 아래 빈칸에 자신을 위해 할 수 있는
    것들로 채워 보세요.

13. 오늘 당신이 이루거나 극복한 것 세 가지를 그리거나 적어 보세요.

'오늘의 성공 경험'   날짜:

14. 상실 슬픔은 우리의 관심을 필요로 해요. 만약 당신의 상실 슬픔이 문을 두드리고 있다면, 그 대상은
    어떤 모습일까요? 당신은 그 대상에게 무슨 이야기를 하고 그 대상은 당신에게 어떤 이야기를 할까
    요? 그 장면을 그려 보세요.

15. 이 빈 병을 상실 대상과의 기억 중에 잊어버리고 싶지 않은 기억으로 가득 채워 보세요. 꼭 간직하고
    싶은 기억을 적거나 그림으로 그려 보세요.

16. 아래 나선형에서 자신의 애도의 시작이 어디에 있었는지, 지금 어디에 있는지를 보여 주세요. 그리
    고 자신이 가졌던 모든 다른 감정들을 색, 선, 모양을 추가하여 나선형을 따라 배치하세요.

17. 다른 사람의 목숨을 구해 줄 수 있는 슈퍼 히어로를 만들어 보세요. 그리고 자신이 그런 슈퍼 히어로
    라면 어떤 말을 해 주고 싶은지 써 보세요.

18. 잡지 사진을 작은 조각으로 찢고 나비 위에 붙여서 이를 변화시켜 보세요. 나비를 변화시킨 것 중에
    어느 부분이 마음에 드나요? 인생에서 내가 바꿀 수 있는 것은 무엇이고 바꿀 수 없는 것은 무엇인
    가요?

내가 바꿀 수 있는 것 _____

_____

내가 바꿀 수 없는 것 _____

_____

19. 내가 생각하는 나(왼쪽)와 상실 대상이 생각하는 나(오른쪽)를 마스크 위에 색채 도구로 꾸며 보세
    요. 이 두 마스크의 공통점은 무엇인지, 차이점은 무엇인지 글로 써 보세요.

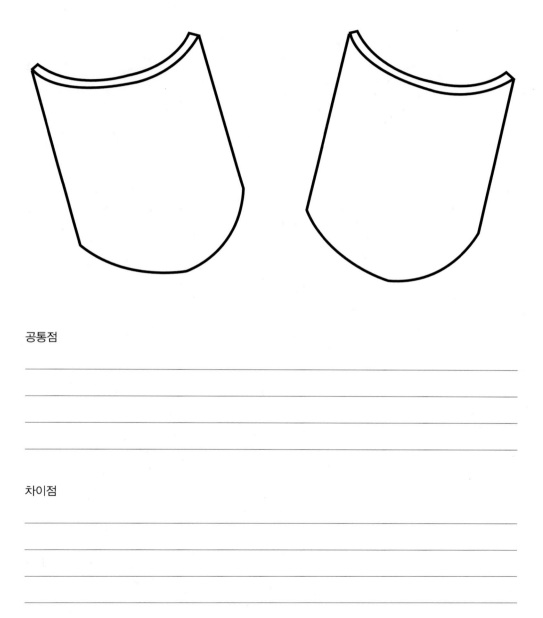

공통점

_____

_____

_____

_____

차이점

_____

_____

_____

_____

20. 걱정 인형은 과테말라에서 처음 만들어진 작은 털실 또는 끈 인형입니다. 밤 동안 인형들이 아이들의 걱정을 덜어 준다는 전설이 있습니다. 아래에 있는 걱정 인형들을 꾸며 보세요. 상실 대상과 관련하여 자신이 걱정하는 것을 적어 보세요.

상실 대상과 관련된 나의 걱정

_____

_____

_____

_____

_____

21. 다른 사람들이 상실 대상에 대해 알았으면 하는 것을 공유하기 위해 퀼트를 완성해 보세요. 그림을 그리거나 사진, 잡지 등을 사용할 수 있습니다. 이 퀼트 작업은 혼자 만들 수도 있고 가족 구성원들과 함께 작업할 수 있습니다.

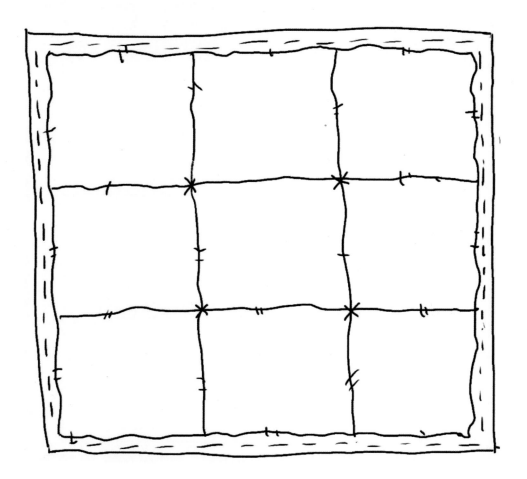

22. 상실 대상을 기억하는 장소에 가져가고 싶은 것들의 목록을 만드세요. 자신이 가져갈 수 있다고 생
    각하는 것 옆에 ✓를 해 보세요.

부록 2: 애도 관련 미디어 자료

〈래빗홀(Rabbit Hole)〉, 존 캐머런 미첼 감독, 2010.
- 상실의 슬픔을 견뎌 내는 지난 과정을 보여 주며, 이 영화는 마지막에 슬픔이 희망으로 전환되는 모습을 보여 주고 있음.

〈너와 나〉, 조현철 감독, 2023.
- 〈너와 나〉는 마음을 따뜻하게 만드는 감동의 영화로, 사랑과 성장, 그리고 사회적 이슈를 아우르는 이야기. 고통스러운 순간들을 경험하며 자신의 마음을 찾아가는 여정을 그리며 순수한 사랑과 감정, 그리고 세월호 참사와 같은 사회적 문제에 대한 성찰을 다룸.

〈모리의 정원〉, 오키타 슈이치 감독, 2020.
- 이 영화는 누군가를 잃어 슬픔에 빠진 사람들에게 먼저 떠난 이를 마음속에서 완전히 지우지 않고서라도 다시 일어나 살아갈 희망이 있음을 알려 줌.

〈스즈메의 문단속: 다녀왔어〉, 신카이 마코토 감독, 2022.
• 한 소녀가 우연히 만난 청년과 재난의 문을 닫는 모험에 뛰어들게 되는 이야기를 다룬 애니메이션 영화.

〈우아한 거짓말〉, 이한 감독, 2014.
• 김려령의 소설 『우아한 거짓말』을 영화화한 작품으로, 학교에서 흔히 일어나는 왕따를 당한 영희의 자살 문제를 조명하면서 고통을 겪는 피해자뿐만 아니라 이를 막지 못했던 주변의 지인들의 이야기를 다룬 영화.

〈내가 죽기 전에 가장 듣고 싶은 말〉, 마크 펠링톤 감독, 2017.
• 은퇴한 광고 에이전시 보스가 자신의 사망 기사를 미리 컨펌하기 위해 사망 기사 전문 기자인 '앤'(아만다 사이프리드)을 고용하며 벌어진 이야기로, 코믹하게 그려졌지만 죽음을 어떻게 맞이할 것인지를 한번 생각해 볼 수 있는 영화.

『딸은 애도하지 않는다』, 사과집 저, 2021, 상상출판.
- 갑작스러운 아버지의 죽음으로 딸이 마주하게 되는 현실과 혼란스러움을 다루고 있음. 죽임이 인간에게 미치는 영향과 더불어 애도에 관한 고찰, 나아가 삶을 탐구하려는 작가의 노력이 돋보이는 에세이.

『애도의 문장들』, 김이경 저, 2020, 서해문집.
- 애도의 시간을 보내는 사람들을 위한 문장들로 구성되어 있으며, 고대부터 오늘날까지 죽음을 사유해 온 철학자들뿐만 아니라 문인들의 시와 소설, 영화, 에세이, 신문 기사에서 길어 낸 글귀들.

『내가 내일 죽는다면』, 마르가레타 망누손 저, 황소연 역, 2017, 시공사.
- 『내가 내일 죽는다면』은 데스클리닝 전문가 마르가레타 망누손이 쓴 에세이.
- 죽음은 누구에게나 공평하게 찾아오는데 그러나 우리는 죽음을 의식하지 않은 채 영원히 살 것처럼 집 안 곳곳을 수많은 물건으로 채우며 현재를 보내게 됨.

『언제나 난 여기 있단다』, 안 에르보 저, 이경혜 역, 2023, 한울림어린이.
- 『언제나 난 여기 있단다』는 전 세계 그림책 마니아들이 사랑하는 그림책 작가 안 에르보가 쓰고 그린 감동적인 그림책.
- 죽음을 삶의 또 다른 면으로 이해하고 받아들이는 방법을 알려 주는 그림책.

『기억 상자』, 조애너 롤랜드 저, 신영건 역, 2023, 보물창고.
- 그림책 『기억 상자』의 작가 조애너 롤랜드는 사랑하는 이들의 죽음을 경험했을 때, 아이들이 대처할 수 있는 방법을 담담한 문체로 알려 주며 '기억 상자'를 만들어 추억할 것을 권유하는 내용.
- '기억 상자'에 사진이나 기념품을 간직하면서 사랑하는 이와 같이 생활하면서 느꼈던 즐거운 기억을 함께 저장하여 사랑하는 사람이나 애완동물이 자신의 마음속에 영원히 함께 있다는 것을 깨닫게 만드는 동화책.

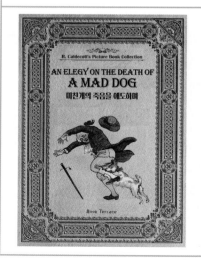

『미친개의 죽음을 애도하며(영문판 An Elegy on the Death of a Mad Dog)』, 랜돌프 칼데콧 저, 2017, 북테라스.
- 자유로운 드로잉 및 색조의 탁월한 조합과 다양한 레이아웃으로 이야기를 펼쳐 나가도록 구성하였고 인간 본성에 대한 뛰어난 통찰력으로 그의 그림은 활기차고 목적이며 유머러스하지만 때로는 인간과 동물의 질병, 죽음을 묘사하며 가혹한 현실을 표현한 그림책.

『날아라, 마일즈』, 빌 살라만 저, 이상희 역, 2021, 비룡소.

• 『날아라, 마일즈』는 지난 2019년 1월 세상을 떠난 존 버닝햄의 마지막 작품.

• 『마일즈의 씽씽 자동차』의 주인공 강아지 마일즈에 대한 두 번째 이야기를 구상하던 중 몸이 많이 안 좋아진 존 버닝햄은 이 이야기를 마무리해 달라고 부탁했다고 함. 그 뜻을 이어받아, 부인 헬렌 옥슨버리가 그림을 그리고 친구 빌 살라만이 글을 써 『날아라, 마일즈』를 완성했음.

『햇살 같은 안녕』, 아멜리 자보, 코린느 위크, 오로르 푸메, 샤를린 왁스, 왁스 웨일레 저, 아니크 마송 그림, 명혜권 역, 2021, 북극곰.

• 이별을 준비하는 모든 이에게 햇살처럼 따뜻한 위로를 전하는 그림책.

234

 부록 3: 애도 관련 웹사이트

〈애도 관련 국내 웹사이트〉

국내에 사별을 경험한 유가족이나 지인들을 위한 애도 상담 관련 웹사이트를 통해 심리적 지원, 상담 서비스, 커뮤니티 지원을 받을 수 있다.

(1) **국가트라우마센터**: 2013년 재난 현장을 직접 찾아가는 위기 대응 활동을 펼쳤던 국립서울병원 심리위기지원단을 모태로 하여 2018년 4월 국가트라우마센터로 정식 개소하였다. 「정신건강증진 및 정신질환자 복지서비스 지원에 관한 법률」에 따라 재난이나 그 밖의 사고로 정신적 충격을 받은 재난 경험자의 심리적 안정과 사회 적응을 돕고 있고 애도 관련 내용도 함께 다루고 있다.
  - 웹사이트: https://nct.go.kr/itaewon/traumaIntro3.do

(2) **글로벌케어**: 글로벌케어는 다양한 사회적 지원을 제공하는 비영리 단체로, 사별이나 상실을 경험한 사람들을 위한 심리적 지원과 자료를 제공한다. 상담 프로그램과 자료, 관련 교육을 통해 애도 과정에서의 도움을 받을 수 있다.
  - 웹사이트: https://www.globalcare.or.kr/

(3) **사랑의 전화**: 사별과 같은 어려운 상황에 있는 사람들을 위해 상담과 지원을 제공하는 비영리 단체이다. 전화 상담 외에도 다양한 프로그램을 통해 정신적 · 정서적 지원을 제공한다.
  - 웹사이트: https://www.loveaid.org/foundation_1st

(4) **생명보험사회공헌재단 – 사별 가족 지원 프로그램**: 생명보험사회공헌재단에서는 사별을 경험한 가족들을 위한 지원 프로그램을 운영한다. 프로그램에는 심리 상담, 집단 상담, 애도 워크숍 등이 포함되어 있으며, 사별 가족들이 상실의 고통을 함께 나누고 치유할 수 있도록 돕는다.
  - 웹사이트: https://www.lif.or.kr/home/main/default.asp

(5) **서울시 심리지원센터**: 서울시에서 운영하는 심리지원센터에서는 애도와 관련된 심리 상담 및 다양한 프로그램을 진행한다. 가족이나 개인의 애도 과정에 대한 도움을 받을 수 있다.
  – 웹사이트: https://blutouch.net/facility/psycho-support

(6) **서울시 자살예방센터 – 유가족 지원 프로그램**: 서울시 자살예방센터는 자살 유가족을 위한 지원 프로그램을 운영하고 있으며, 사별 가족을 위한 심리 상담과 지원 프로그램을 제공한다. 이러한 프로그램은 사별 가족이 심리적 어려움을 극복하고 일상으로 복귀할 수 있도록 돕는다.
  – 웹사이트: http://edu.suicide.or.kr/suicide-index.html

(7) **얘기함 온라인 프로그램**: 자살 유족 대상 프로그램으로, 국내외에서 운영되고 있는 다양한 온라인 프로그램을 검토, 유족 애도와 관련된 이론을 토대로 중앙심리부검센터에서 3년간의 준비 끝에 완성된 프로그램이다. 워든(Worden, 1991)의 유족이 수행해야 할 4가지의 과업을 중심으로 구성되어 애도 단계에서의 과업 수행을 위한 지식을 전달하며 자살 유족의 정서와 인지 및 행동에 있어서의 역기능을 스스로 점검하고 실천할 수 있도록 구체적인 전략을 제시하고 있다.
  – 웹사이트: https://www.kfsp.or.kr/trt/mouProgram

(8) **펫로스애도연구회**: 펫로스애도연구회 '강쥐별과 냥이별'은 한국상담심리학회 상담심리 전문가와 애도 전문가가 설립한 모임으로, 사랑하는 반려동물을 떠나보낸 분들이 상실의 아픔을 나누고, 서로의 이해와 지지 속에 다시 살아갈 힘을 얻을 수 있도록 지원하는 곳이다.
  – 웹사이트: https://petlosslove.modoo.at/?link=bmp0x4tu

(9) **한국백혈병어린이재단, 한국백혈병소아암협회**: 소아암으로 아이를 떠나보낸 가족을 대상으로 사별 가족의 상실 슬픔을 함께 나누기 위한 지원 사업을 진행한다. 자녀를 사별한 부모님과 형제자매와 사별한 자녀들이 함께 참여해 건강한 애도와 슬픔 치유 활동을 통해 심리적 · 정서적 안녕을 유지할 수 있는 다양한 프로그램을 진행한다.
  – 웹사이트: https://www.kclf.org/archives/46625(한국백혈병어린이재단)
    https://m.blog.naver.com/PostList.naver?blogId=s_well&tab=1(한국백혈병소아암협회)

(10) **한국생명존중희망재단**: 한국생명존중희망재단은 사별을 포함한 다양한 위기 상황에서 사람들

을 돕기 위해 다양한 프로그램을 운영하는 비영리 단체이다. 사별 가족을 위한 심리 상담과 자조 모임을 통해 상실의 아픔을 함께 나누고 치유할 수 있는 기회를 제공한다.

– 웹사이트: https://www.kfsp.or.kr/home/kor/main.do

(11) **한국미술심리치료연구학회**: 한국미술심리치료연구학회는 미술치료 전반에 대한 교육과 자료를 제공하는 기관이다. 애도와 관련된 미술치료 논문 등에 대한 정보와 애도 관련 미술치료 전문가에 대한 안내를 받을 수 있다.

– 웹사이트: http://kaaps.or.kr/

(12) **한국미술치료학회**: 한국미술치료학회는 미술치료 관련 자료와 교육 프로그램을 제공하는 전문 기관이다. 애도와 관련된 미술치료 논문, 워크숍이나 세미나에 대한 정보를 얻을 수 있다.

– 웹사이트: http://www.korean-arttherapy.or.kr/index/

(13) **한국상담심리학회**: 한국상담심리학회는 전문 상담사들이 제공하는 다양한 심리 상담과 집단 프로그램을 소개한다. 사별이나 상실을 경험한 사람들을 위한 상담사 연결과 관련 자료를 찾을 수 있으며, 상실의 아픔을 치유하기 위한 집단 프로그램도 찾을 수 있다.

– 웹사이트: https://krcpa.or.kr/user/new/index.asp

(14) **한국심리학회**: 심리학 관련 전문가들의 단체로, 심리 상담 관련 다양한 정보를 제공하고 있으며, 애도 상담을 포함한 다양한 상담 서비스를 안내하고 있다. 애도와 관련하여 도움을 받을 수 있는 상담사를 찾을 수 있다.

– 웹사이트: https://www.koreanpsychology.or.kr/main/main.html

(15) **한국애도상담협회**: 애도 관련 연구 및 애도 상담 모델을 개발 및 적용하여 사별 대상자가 상실의 슬픔을 받아들이고, 애도 작업을 함께하여 상실 이후의 삶에 적응하도록 돕는 것을 목표로 하고 있다.

– 웹사이트: https://kmc4u.or.kr/

〈애도 관련 국외 웹사이트〉

국외에도 사별이나 상실을 경험한 사람들을 위한 다양한 웹사이트와 지원 프로그램이 있다. 이들은 애도 과정에서의 심리적 지원, 다양한 자료 제공 및 집단 상담 프로그램 등을 통해 상실을 겪는 사람들을 돕고 있다.

(1) **Bereavement Support on Reddit**: Reddit에는 사별과 상실을 겪는 사람들을 위한 여러 서브 레딧이 있다. 이 커뮤니티는 사람들이 자신의 경험을 공유하고, 서로에게 지원과 위로를 제공할 수 있는 공간이다. 익명으로 참여할 수 있어서 심리적 부담 없이 참여가 가능하다.
 - 웹사이트: https://www.reddit.com/r/GriefSupport/?rdt=34821

(2) **Bereavement UK**: 35년 넘게 개인과 그 가족을 지원하는 일을 해 온 Alex James가 만든 최초의 온라인 지원 시설 중 하나로, YouTube 채널인 'Alex James What's Your Story'를 통해 자신의 이야기를 공유하고자 하는 모든 사람에게 채팅 플랫폼을 제공하고 애도 관련 훈련과 컨설팅을 진행하고 있는 단체이다.
 - 웹사이트: www.bereavement.co.uk

(3) **Canadian Virtual Hospice**: 나만의 장소에서, 나만의 속도로 '거기에 있었던' 사람들과 슬픔 전문가들에 의해 개발되었고 '실제' 이야기와 경험 및 전문가를 위한 리소스를 제공한다.
 - 웹사이트: https://www.mygrief.ca/

(4) **Center for Grief Recovery and Therapeutic Services**: 1985년에 설립된 슬픔 회복 및 치료 서비스 센터(Center for Grief Recovery and Therapeutic Services)는 비영리 단체로, 개인이 스스로를 치유하고 삶을 풍요롭게 할 수 있도록 힘을 실어 주는 데 전념하는 8명의 독립적인 의사가 함께하고 있다. 수십 년 동안 우리는 사별과 상실과 관련된 문제에 대한 이해를 높이기 위해 가능한 한 많은 일을 해 왔으며, 평신도와 전문가 공동체 모두를 민감하게 만들기 위해 노력하는 동시에 유족에게 직접적인 서비스를 제공한다.
 - 웹사이트: https://www.griefcounselor.org/

(5) **Centerforloss**: 죽음 교육자이자 애도 상담가인 Alan Wolfelt 박사를 중심으로 운영되는 이 웹사이트는 사랑하는 사람을 상실했거나 상실로 인한 슬픔에 잠긴 사람들을 지원하며, 상실 슬픔을 전문적으로 다루는 전문가들을 위한 자료와 교육 프로그램 및 강연을 제공한다.
   - 웹사이트: www.centerforloss.com

(6) **Cruse Bereavement Care**: Cruse Bereavement Care는 영국에서 활동하는 비영리 단체로, 사별을 경험한 사람들에게 상담 서비스, 집단 회기, 전화 및 온라인 지원을 제공한다. 특히 전화 상담과 온라인 챗 서비스를 통해 실시간으로 도움을 받을 수 있다.
   - 웹사이트: https://www.cruse.org.uk/

(7) **Dougy Center**: Dougy Center는 어린이, 청소년, 성인 및 그 가족이 죽음 전후의 경험을 안전한 공간에서 공유할 수 있도록 지원하는 곳으로, 전 세계에서 사별 지원이 필요한 수십만 명의 사람들을 돕고 있다. 애도가 필요한 아동, 청소년, 성인 및 그 가족들을 연령 및 집단별로 나누어 이들에게 필요한 활동 목록과 자료를 제공한다.
   - 웹사이트: www.dougy.org

(8) **Good Grief Trust**: 영국에서 슬픔의 영향을 받는 모든 사람들을 돕기 위해 유족들을 돕고 그들의 슬픔을 인정하며 안심, 우정의 가상 손길, 지속적인 지원을 제공하는 기관이다.
   - 웹사이트 https://www.thegoodgrieftrust.org/

(9) **Grief.com**: Grief.com은 애도 전문가 David Kessler가 운영하는 웹사이트로, 사별이나 상실을 겪는 사람들을 위한 다양한 자료와 정보를 제공한다. 애도 과정에서 필요한 정보, 온라인 워크숍, 집단 상담 프로그램 등을 통해 지원을 받을 수 있다.
   - 웹사이트: https://grief.com/

(10) **GriefShare**: GriefShare는 사별을 경험한 사람들을 위한 신앙 기반의 집단 상담 프로그램을 운영하는 웹사이트이다. 이 프로그램은 전 세계적으로 진행되며, 각 지역 교회에서 진행하는 그룹에 참여할 수 있다. 또한 온라인 자료와 영상 강의도 제공된다.
   - 웹사이트: https://www.griefshare.org/

(11) **My Grief Angels**: 슬픔에 잠긴 1백만 이상의 사람들과, 현재까지 1,000개가 넘는 무료 가상 슬픔 지원 그룹과 무료 슬픔 채팅 온라인 커뮤니티에 참여한 수천 명의 사람들을 위한 사이트 이다.
   - 웹사이트: https://www.mygriefangels.org/

(12) **Modern Loss**: Modern Loss는 젊은 층이 겪는 상실과 애도를 주제로 하는 웹사이트이다. 이 곳에서는 다양한 경험담, 실질적인 조언, 그리고 집단 상담 기회를 제공하며, 복잡한 감정을 다루는 방법에 대한 글과 자료를 제공한다.
   - 웹사이트: https://modernloss.com/

(13) **The Creative Grief Studio**: 여기에서는 상담사, 치료사, 코치, 성직자, 호스피스 직원, 간호사, 사회복지사 등과 같은 전문가를 돕기 위한 전문 애도 교육을 제공한다.
   - 웹사이트: https://creativegriefstudio.com/

(14) **The Compassionate Friends**: The Compassionate Friends는 자녀를 잃은 부모와 형제자매를 위한 비영리 단체이다. 이 단체는 상실을 겪은 가족들을 위한 지원 그룹, 온라인 커뮤니티 및 다양한 자료를 제공한다. 전 세계에 걸쳐 지역별 지부가 있으며, 대면 및 온라인으로 지원을 받을 수 있다.
   - 웹사이트: https://www.compassionatefriends.org/

(15) **What's Your Grief**: What's Your Grief는 심리학자들이 운영하는 웹사이트로, 사별과 상실에 대한 다양한 주제의 블로그, 팟캐스트, 자료 등을 제공한다. 이 사이트는 상실을 겪는 사람들이 자신의 감정을 이해하고 표현할 수 있도록 돕는 콘텐츠와 교육 프로그램을 제공한다.
   - 웹사이트: https://whatsyourgrief.com/

부록 4: 지속성 복합 애도 장애 (Persistent Complex Bereavement Disorder) 진단기준

제안된 진단기준

A. 개인은 친밀한 관계에 있던 사람의 죽음을 경험한다.

B. 죽음 이후, 다음 증상 중 한 개 이상을 임상적으로 현저한 수준으로 경험하는 날이 그렇지 않은 날보다 더 많고, 성인의 경우 적어도 증상이 12개월 이상, 아동의 경우 6개월 이상 지속된다.

1. 죽은 사람에 대한 지속적인 갈망/그리움
2. 죽음에 대한 반응으로서의 강렬한 슬픔과 정서적 고통
3. 죽은 사람에 대한 집착
4. 죽음을 둘러싼 상황에 대한 집착

C. 다음 증상 중 적어도 6개 이상이 임상적으로 현저한 수준

죽음에 대한 반응적 고통

1. 죽음을 받아들이는 것의 현저한 어려움
2. 죽음에 대해 믿지 않거나 정서적 마비를 경험함
3. 죽은 사람을 긍정적으로 추억하지 못함
4. 죽음과 관련된 비통함 또는 분노를 느낌
5. 죽은 사람 또는 죽음과 관련해 자신에 대한 부적응적 평가를 내림
6. 죽음을 상기시키는 것들에 대해 과도한 회피를 보임

사회적 · 정체성 붕괴

7. 죽은 사람과 함께하기 위해 죽고자 하는 소망
8. 죽음 이후 타인을 신뢰하는 데 어려움을 겪음
9. 죽음 이후 혼자라고 느끼거나 타인들로부터 분리된다고 느낌

10. 죽은 사람 없이는 인생이 무의미하거나 공허하다고 느낌, 또는 죽은 사람 없이는 자신이 적응
    적으로 기능할 수 없다고 믿음

11. 인생에서 자신의 역할에 대한 혼란, 또는 자신의 정체성에 대해 감소된 느낌(예: 자신의 일부가
    죽은 사람과 함께 죽어 버렸다고 느끼는 것)

12. 죽음 이후 흥미를 추구하거나 미래를 위해 계획을 세우는 것이 어렵게 느껴지고 꺼려짐(예: 교
    우관계, 일상 활동)

D. 장애가 사회적, 직업적, 또는 다른 중요한 기능 영역에서 임상적으로 현저한 고통이나 손상을 초
   래한다.

E. 애도 반응이 문화적, 종교적 또는 연령에 따른 기대 수준에 부합하지 않거나 과도하다.

다음의 경우 명시할 것:

외상성 사별의 경우: 살인 또는 자살로 인한 사별로, 죽음의 외상성 성질에 대한 지속적인 고통스
러운 집착을 동반한다(흔히 죽음을 상기시키는 것들에 대한 반응으로 발생함). 이러한 외상성 특성
에는 죽은 사람의 마지막 순간, 고통과 상해의 정도, 또는 죽음의 악의성이나 의도성이 포함될 수
있다.

출처: American Psychiatirc Association (2015).

부록 5: DAS 그림자극검사(A형)

DAS 그림자극검사

실시일 : _____

내담자 : _____

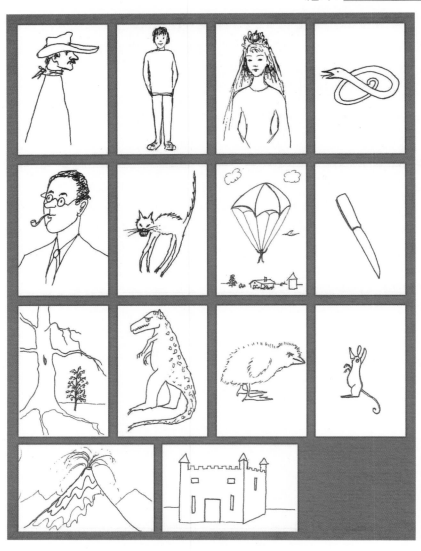

- 14개의 그림 카드 중 2가지를 선택하세요. (선택한 그림 번호: 　　　. 　　　)
- 당신이 선택한 그림들 사이에서 어떤 일이 일어날까요? 상상한 그림을 그리고 이야기를 꾸며 보세요. 당신의 아이디어를 마음껏 표현하거나, 그림들을 변화시키는 것은 자유입니다.
- 그림을 다 그리셨다면, 주어진 여백에 이야기를 적어 보세요.

제목: _____

* 어떤 이야기인가요?

_____

_____

_____

_____

* 그래서 어떻게 되었을까요?

_____

_____

_____

_____

선택한 2가지의 그림 중 자신이 표현되어 있다면 무엇인가요?

지금 기분은 어떤가요?

매우 좋아요(   ) 괜찮아요(   ) 놀랐어요(   ) 불안해요(   ) 화나요(   ) 슬퍼요(   )

기타(   )

〈DAS의 정서 내용 척도〉

점수	주제	세부 내용
1점	상당히 부정적인 정서 내용	그림에 나타난 대상이 슬픔, 고립, 무력, 자살, 죽음 등의 치명적인 위험을 나타냄. 삶을 위협하거나 치명적인 관계
2점	다소 부정적인 정서 내용	혼자 있는 대상이 무서워하거나, 화가 났거나, 좌절했거나, 불만이 있거나, 걱정하거나, 파괴적이거나 불운함을 나타냄. 스트레스를 주거나 적대적인, 파괴적인, 불유쾌한 관계
2.5점	애매하거나 양가적인 정서 내용	불유쾌하고 불행한 결과를 제시하는 모호하고 양가적인 정서
3점	중성적인 정서 내용	부정적인 것과 긍정적인 것 모두 있는 경우, 부정적이지도 긍정적이지도 않은 경우, 정서가 드러나지 않거나 명확하지 않음.
3.5점	애매하거나 양가적인 정서 내용	유쾌하고 희망적이며 행운이 있는 결과를 제시하는 모호하고 양가적인 정서
4점	다소 긍정적인 정서 내용	혼자 있는 대상이 운이 좋지만 수동적인 모습을 나타냄. 우호적이고 긍정적인 관계
5점	매우 긍정적인 정서 내용	혼자 있는 대상이 행복하거나 능력이 있거나 목표를 성취한 것으로 나타냄. 보살펴주거나 사랑하는 관계

〈DAS의 자기상 척도〉

점수	주제	세부 내용
1점	병적인 자기상	그림을 그린 사람은 슬프거나, 무기력하거나, 고립되어 있거나, 자살하려 하거나, 죽었거나, 치명적인 위험에 노출되어 있는 대상과 동일시하는 것으로 보임.
2점	다소 부정적인 자기상	그림을 그린 사람이 무서워하거나 화남, 좌절, 걱정하거나 운이 나쁜 대상과 동일시하는 것으로 보임.
2.5점	명확하지 않거나 모호한 자기상이나 부정적인 결과를 보임.	그림을 그린 사람은 희망이 없거나 실패할 것 같은 대상과 동일시하는 것으로 보임.
3점	명확하지 않고 양가적이거나 애매한 자기상	자기상이 보이지 않거나 없음.
3.5점	명확하지 않고 모호한 자기상이거나 긍정적인 결과를 보임.	그림을 그린 사람은 희망적이거나, 성공할 것 같은 대상과 동일시하는 것으로 보임.
4점	다소 긍정적인 자기상	그림을 그린 사람은 소극적이지만 운이 좋은 대상, 이를테면 TV를 보고 있다든가 구조를 받은 대상과 동일시하는 것으로 보임.
5점	아주 긍정적인 자기상	그림을 그린 사람은 강력하거나, 위협적이거나, 공격적이거나, 존경할 만하거나, 사랑받거나, 목표를 성취하는 대상과 동일시하는 것으로 보임.

〈DAS 유머 사용 평가 척도〉

점수	주제	세부 내용
1점	치명적이고 병적인 유머	고통스럽게 죽거나, 죽을 위험에 있는 대상 때문에 재미나는 경우, 이미지나 말을 통해 고통 혹은 공포가 명백히 표현됨.
1.5점	치명적이지만 병적이지는 않은 유머	사라지거나, 죽었거나, 죽음 위험에 있는 대상 때문에 재미나는 경우, 그러나 단어로든 이미지로든 고통이나 공포가 표현되지 않음.
2점	비하하는 유머	그림을 그린 사람과는 다른 대상(성별 반대라든가) 때문에 재미나는 경우, 그러나 단어로든 이미지로든 고통이나 공포가 표현되지는 않음.

2.5점	자기 비하적 유머	나라는 대명사를 사용하거나, 그림 그린 사람과 닮은 대상 때문에 재미나는 경우, 그 대상은 매력적이지 않거나, 좌절했으며 바보 같거나, 불운하지만 치명적인 위험에 처해 있지는 않음.
3점	애매모호하거나 양가적인 유머(중립적)	의미나 결과가 부정적인 동시에 긍정적일 수 있고, 혹은 부정적이지도 긍정적이지도 않거나 불분명함.
4점	회복력이 있는 유머(부정적이기보다 긍정적)	주요 대상이 역경을 극복했거나, 결과가 희망적이고 호의적임.
5점	유쾌한 유머(전체적으로 긍정적)	친절하고 우스꽝스러우며 단어를 사용한 말장난일 수 있음.

출처: Silver (2005).

이 이야기 그림(Draw a Story: DAS) 검사는 아동·청소년의 숨겨진 우울증을 밝히기 위한 목적으로 개발된 투사적 그림검사로, 주로 우울 여부, 공상적 사고의 파악, 그리고 정서적이거나 행동적인 문제를 겪는 수검자의 심리 상태를 평가하기 위해 사용됨.

부록 6: 상실 경험 체크리스트

상실 유형	상실 경험	경험 유무	경과 시간(년)
죽음 상실	1. 어머니의 죽음		
	2. 아버지의 죽음		
	3. 형제자매의 죽음		
	4. 자녀의 죽음		
	5. 배우자의 죽음		
	6. 할머니의 죽음		
	7. 할아버지의 죽음		
	8. 친척의 죽음		
	9. 친구 및 애인의 죽음		
	10. 기타(직접 기입)		
관계 상실	11. 본인의 이혼		
	12. 부모의 이혼		
	13. 우정이 깨짐		
	14. 연인과 헤어짐		
	15. 가족 구성원과의 단절		
	16. 불임과 유산		
	17. 기타(직접 기입)		

물리적·심리적 상실	18. 거주지의 상실			
	19. 직업을 잃음			
	20. 신체적 건강을 잃음			
	21. 정신적 건강을 잃음			
	22. 정체성을 잃음			
	23. 재산을 잃음			
	24. 학대 받음 (신체적, 성적, 심리적 등 모든 형태)			
	25. 꿈, 목표를 잃음			
	26. 영성, 믿음을 잃음			
	27. 기타(직접 기입)			

출처: 최선재(2011).

이 척도는 죽음 관련 상실, 관계의 상실, 물리적 상실, 역사적 상실 4개의 범주로 나눈 Sofka(1997)가 개발한 상실 경험 체크리스트를 국내 연구에 적합하게 역사적 사건에 의한 상실을 제외한 세 가지 유형의 상실 경험으로 나누어 번안하여 제작한 최선재(2010)의 체크리스트임. 살아오면서 경험할 수 있는 다양한 상실 경험들을 나열한 것 중 자신이 경험한 상실 경험 모두에 표시하고 해당하는 경우 상실 경험 경과 시간(년)을 기록하는 것임.

부록 7: 외상 후 성장 척도

번호	질문	전혀 아니다	아주 조금	조금	보통	상당히	매우 그렇다
1	인생에서 중요하게 생각하는 우선순위가 바뀌었다.	①	②	③	④	⑤	⑥
2	이전과는 다른 새로운 관심사가 생겼다.	①	②	③	④	⑤	⑥
3	영적 · 정신적 세계에 대한 이해가 더 깊어졌다.	①	②	③	④	⑤	⑥
4	어려운 일이 생겼을 때 다른 사람들에게도 의지할 수 있게 되었다.	①	②	③	④	⑤	⑥
5	내 삶에 대한 새로운 계획이 생겼다.	①	②	③	④	⑤	⑥
6	타인과의 관계에서 더욱 친밀감을 느끼게 되었다.	①	②	③	④	⑤	⑥
7	어려움을 극복할 수 있다는 확신을 갖게 되었다.	①	②	③	④	⑤	⑥
8	내 삶을 통해 더 가치 있는 일들을 할 수 있게 되었다.	①	②	③	④	⑤	⑥
9	살면서 일어나는 일들을 더 잘 받아들일 수 있게 되었다.	①	②	③	④	⑤	⑥
10	매일매일에 대해 더 감사하게 되었다.	①	②	③	④	⑤	⑥
11	내 주변 사람들에 대한 정이 더 깊어지게 되었다.	①	②	③	④	⑤	⑥
12	사람들에게 더 정성을 기울이게 되었다.	①	②	③	④	⑤	⑥
13	변화가 필요한 일을 단지 생각에 그치지 않고 행동으로 옮기기 위해 더 노력하게 되었다.	①	②	③	④	⑤	⑥
14	종교적인 믿음이 더 깊어졌다.	①	②	③	④	⑤	⑥
15	생각했던 것보다 내 자신이 더 강하다는 것을 알게 되었다.	①	②	③	④	⑤	⑥
16	타인의 필요성을 이전보다 더 인정하게 되었다.	①	②	③	④	⑤	⑥

출처: 송승훈(2007).

이 척도는 충격적인 외상을 경험한 후의 긍정적인 심리적 변화에 대한 개인의 지각을 측정하기 위하여 Tedeschi와 Calhoun(1996)이 개발하였고 송승훈(2007)이 타당화한 한국판 외상 후 성장 척도

(Korean - Post-Traumatic Growth Inventory: K-PTGI)임. 자기 지각의 변화, 대인관계의 깊이 증가, 새로운 가능성의 발견, 영적·종교적 관심의 증가 4개의 하위 요인이며 총 16문항으로 구성되어 있음. 총 점수가 높을수록 외상 이후 긍정적 변화를 많이 경험한 것을 뜻하며, 0점(전혀 아니다)에서 5점(매우 그렇다)로 되어 있는 6점 리커트 척도로 평가함.

부록 8: 미술치료 동의서

미술치료 동의서

내담자 본인 및 보호자, 또는 해당 기관에서 다음과 같은 협조 사항에 동의를 하실 경우에만 미술치료가 이루어질 수 있음을 알려 드립니다.

〈내담자 인적 사항〉

기 관 명	
성　명	(남 · 여)
생년월일	년　월　일 (만　세)
보 호 자	(관계 :　　)
주　소	
전　화	

1. _____(이하 내담자)는 진행되는 상담에 성실히 참여할 것이며 본 기관과 합의한 상담 규정을 준수합니다.

2. 상담 내용에 관해서 상담자와 내담자 및 보호자의 동의 없이는 어떠한 내용도 발설하지 않을 것을 약속합니다. 단, 상담의 윤리에 근거하여 개인의 생명을 보호하고 위기 상황에 대처함으로써 내담자의 안전을 보호해야 할 상황에서는 상담자의 소견 아래 내용이 공개될 수 있습니다.

　1) 내담자가 타인의 생명을 위협하는 표현을 하였을 경우
　2) 아동학대나 성인학대에 대한 암시가 있을 경우
　3) 내담자가 생명을 위협하는 행위 등을 시도하려는 경우
　4) 법원의 요청 또는 명령에 의거 상담전문가가 의견서를 제출해야 하는 경우

3. 상담 내용과 회기 내의 미술 작품은 기록되고 보관 및 저장될 것이며, 더 나은 상담을 위하여 상담자의 교육, 연구, 출판 등 학술연구 목적하에 사용할 수 있습니다.

[미술 작품 활용 동의 사항]

1) 매 회기 미술치료 내용은 기록될 것이며, 만든 작품은 사진으로 찍어 보관될 것입니다.

2) 내담자의 이름은 가명으로 표기될 것이며, 모든 개인정보는 비밀로 지켜질 것입니다.

4. 사전에 상의 없이 2번 이상 정해진 미술치료 시간에 오지 않거나 3번 이상 당일에 치료를 취소할 경우 미술치료는 자동으로 종결됨에 동의합니다.

(예외): ① 천재지변으로 인한 상황

② 입원 등의 급한 사정(해당 증빙 서류 제출)

③ 장기 휴가 등, 부득이한 사정으로 일주일 이상 미술치료를 못 받는 경우

5. 미술치료 프로그램의 전 과정은 녹취되며, 미술치료 프로그램의 질적 향상을 위한 슈퍼비전 시 사용되어질 수 있음에 동의합니다(단, 내담자의 이름은 무기명 혹은 가명으로 기술됩니다).

상기 기관은 동의서 내용을 충분히 이해하고 위의 사항에 동의합니다.

년   월   일

내담자 : _____(서명)

미술치료사 : _____(서명)

참고문헌

송승훈(2007). 한국판 외상 후 성장 척도의 신뢰도와 타당도. 충남대학교 대학원 석사학위논문.

최선재(2011). 상실 경험의 의미 재구성과 심리적 적응의 관계. 이화여자대학교 대학원 석사학위
논문.

APA (2015). DSM-5 정신질환의 진단 및 통계 편람(제5판) (*Diagnostic and statistical manual of mental disorders, 5th ed.*). (권준수 외 공역). 학지사. (원저는 2013년에 출판).

Silver, R. (2005). *Aggression and depression assessed through art: Using Draw-a-Story to identity children and adolescents at risk*. Routledge.

Worden, J. W. (1991). *Children and grief: When a parent dies*. Guilford.

http://www.booksea.co.kr/book/view.html?s_menu_no=&s_menu1_no=&s_menu2_
no=&search_text=&sort_kind=&gotopage=1&no=20

http://www.cgv.co.kr/movies/detail-view/?midx=55872

http://www.cgv.co.kr/movies/detail-view/?midx=83185

http://www.cgv.co.kr/movies/detail-view/?midx=86815

http://www.cgv.co.kr/movies/detail-view/cast.aspx?midx=79742

http://www.esangsang.co.kr/sangsang/sub/bookcontent.asp?num=418&cate1=%BF%A1%BC
%BC%C0%CC&cate2=&cate3=&porder=num&page=1

https://bir.co.kr/book/130618/

https://bookgoodcome.com/book/1125

https://ebook-product.kyobobook.co.kr/dig/epd/ebook/E000003638546

https://product.kyobobook.co.kr/detail/S000000734228

https://product.kyobobook.co.kr/detail/S000200764042

https://product.kyobobook.co.kr/detail/S000201742359

https://www.kmdb.or.kr/db/kor/detail/movie/K/14023/own/image#dataHashImageDetail4

https://www.ohmynews.com/NWS_Web/View/img_pg.aspx?CNTN_CD=IE003223405

저자 소개

박성혜(Sunghae Park)

숙명여자대학교 아동복지학과 학사

숙명여자대학교 일반대학원 아동심리전공 석사 및 박사

Notre Dame de Namur University 대학원 미술치료전공 석사

미국공인미술치료사(ATR), 미술심리상담전문가, 발달심리전문가(1급), 상담심리사(1급), 청소년상담사(1급)

전 강북구청소년상담복지센터장, 강북구청소년지원센터 꿈드림 센터장, 서울시늘푸른여성지원센터장, ACMHS 미술치료사

현 숙명여자대학교 심리치료대학원 미술치료학과 전임교수, 서울가정법원 광역면접교섭 상담위원, 한국융연구원 예비과정 상임연구원

주요 저서 및 역서 현대 아동복지론(공저, 학지사, 2012), 미술심리치료 이론과 실제(공저, 박영스토리, 2021), 아동상담(3판, 공저, 양서원, 2022), 발달장애 아동을 위한 미술치료 가이드북(2판, 공저, 박영스토리, 2024), 외상 후 스트레스장애와 미술치료(역, 박영스토리, 2023) 등

곽진영(Jinyoung Kwak)

Parsons School of Design 학사

숙명여자대학교 일반대학원 아동심리치료전공 석사 및 박사

전 숙명여자대학교 심리치료대학원 미술치료학과 겸임교수, 연세신경정신과 · 도담마인드케어 · 관악아동발달센터 미술치료사

현 숭실사이버대학교 상담심리학과 외래교수, 한국미술치료학회 임상미술심리전문상담사 및 학회 이사

주요 저서 및 역서 미술심리치료 이론과 실제(공저, 박영스토리, 2021), 발달장애 아동을 위한 미술치료 가이드북(2판, 공저, 박영스토리, 2024), 임상 적용을 위한 미술치료의 이해(공역, 학지사, 2019)

애도를 위한 미술치료
Art Therapy for Grief

2025년 4월 25일 1판 1쇄 인쇄
2025년 4월 30일 1판 1쇄 발행

지은이 • 박성혜 · 곽진영
펴낸이 • 김진환
펴낸곳 • ㈜**학지사**

04031 서울특별시 마포구 양화로 15길 20 마인드월드빌딩
대표전화 • 02-330-5114   팩스 • 02-324-2345
등록번호 • 제313-2006-000265호

홈페이지 • http://www.hakjisa.co.kr
인스타그램 • https://www.instagram.com/hakjisabook

ISBN 978-89-997-3409-0 93180

정가 25,000원

출판미디어기업 **학지사**

간호보건의학출판 **학지사메디컬** www.hakjisamd.co.kr
심리검사연구소 **인싸이트** www.inpsyt.co.kr
학술논문서비스 **뉴논문** www.newnonmun.com
교육연수원 **카운피아** www.counpia.com
대학교재전자책플랫폼 **캠퍼스북** www.campusbook.co.kr